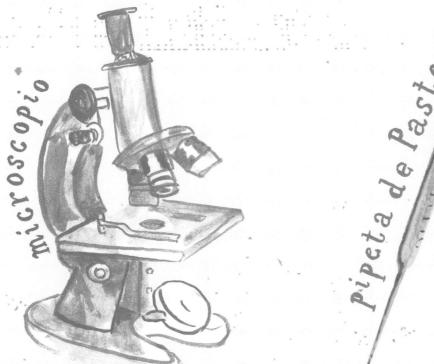

microscopio

pipeta de Pasteur

probeta

retorta

tenacillas de laboratorio

PANDEMÍAS

Gosia Kulik
Tomek Żarnecki

¡cof, cof, cof!

Traducción: Karolina Jaszecka

thule

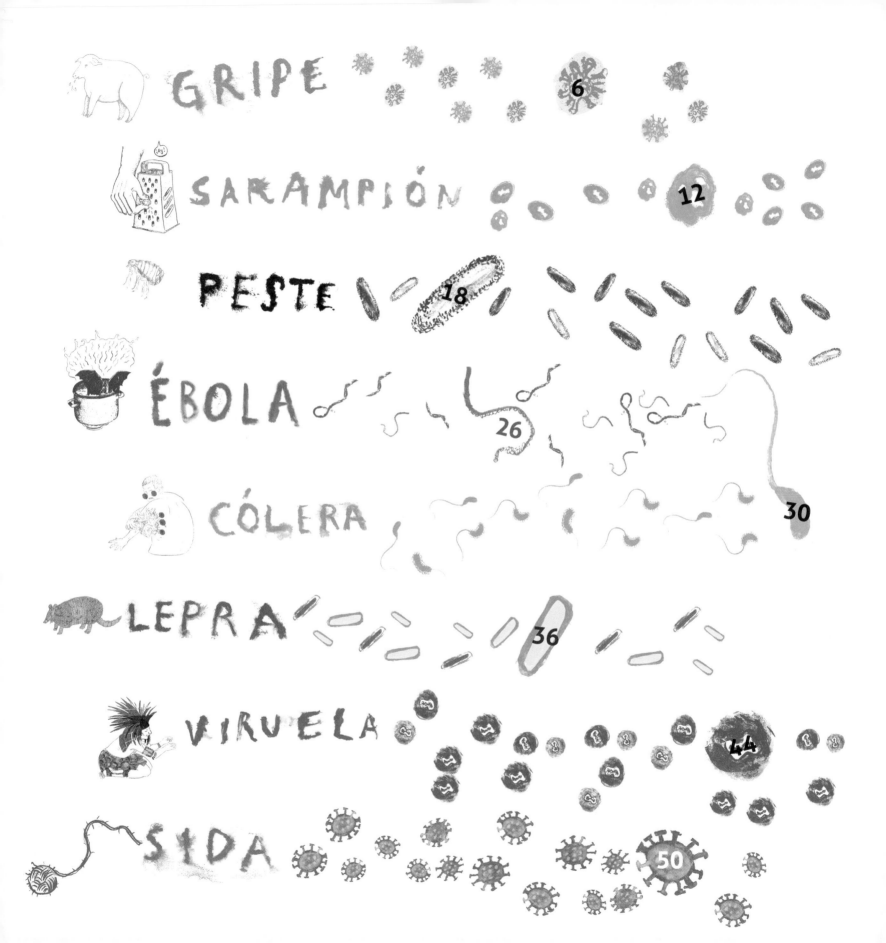

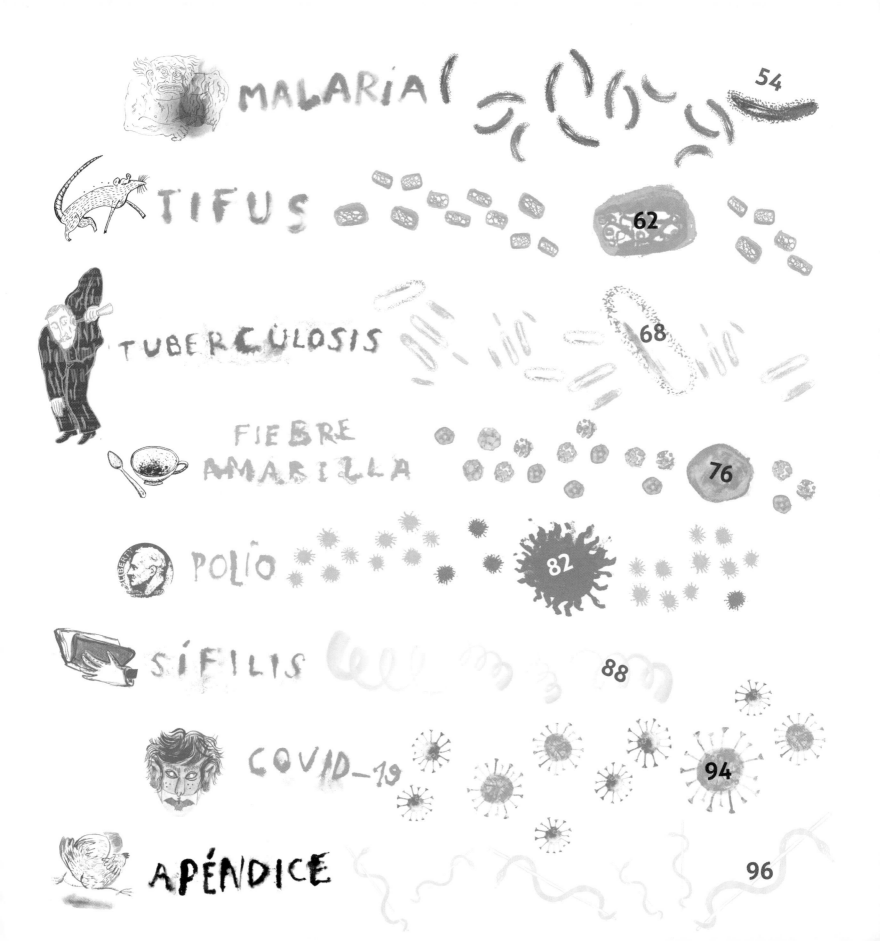

GRIPE

virus de la gripe

Te presentamos a la **gripe** (también llamada **gripa** o **influenza**), la protagonista del primer capítulo de este libro dedicado a las dolencias poco agradables que persiguieron a la humanidad durante siglos. La gripe, aunque es una enfermedad bastante común, puede resultar muy peligrosa. Provocó tres pandemias en el mundo, en las que causó millones de víctimas. Si detectas los síntomas enumerados a continuación, ¡no los subestimes! ¡La gripe sin tratar puede provocar complicaciones!

tos

dolor de cabeza

fiebre alta

sensación de tener una pluma en el fondo de la garganta que te hace carraspear y estornudar

escalofríos

dolor de ojos, fotofobia

fatiga (literalmente te tambaleas de agotamiento)

dolor de garganta y catarro que aparecen al inicio de la infección

8

El virus de la gripe se divide en **tres tipos,** tan fáciles de recordar como el abecedario: A, B y C. Los tipos A y B presentan síntomas similares, mientras que el C es bastante leve, como un resfriado, con fiebre no muy alta y conjuntivitis. Dejemos que los virus se presenten a sí mismos:

Soy el virus tipo A, el más virulento, es decir, el más peligroso para tu organismo. Me propago y muto con mucha facilidad. La mutación significa que cambio de estructura de vez en cuando. ¡Estas mutaciones hacen que pueda dividirme en hasta 144 subtipos! Soy capaz de contagiar no solo a personas sino también a animales, como por ejemplo cerdos, hurones o pájaros. Soy un virus mortífero: puedo provocar **pandemias**.

Una pandemia es una gran cantidad de casos de infectados en un área grande (puede afectar a un continente o incluso al mundo entero).

¡Hola! Me llaman virus tipo B, pero no te preocupes, no soy muy peligroso. Solo ataco a los humanos y muto mucho más lentamente que mi compañero, el virus tipo A. Soy modesto, rara vez causo pandemias, mi alcance es menor, aunque puedo provocar **una epidemia** local.

Una epidemia ocurre cuando hay una gran cantidad de enfermos en un foco determinado (por ejemplo, en una ciudad o región de un país).

¡Por desgracia me dejan para el final! Soy el virus tipo C, el menos peligroso y con menos de capacidad de mutación. Causo una gripe muy leve que no necesita tratamiento.

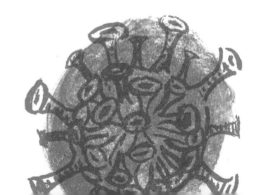

Soy **Dimitri Medvédev**. Todas las noches os guiño un ojo desde arriba. Poco después de mi muerte, causada por una desafortunada gripe, **bautizaron** con mi nombre a uno de los cráteres en la Luna y a un asteroide. Quizá te preguntes por qué merezco tal distinción. Bueno, hice un gran descubrimiento, como verás en las clases de química: ordené los elementos en una tabla periódica según sus masas atómicas, bastante bonita por cierto.

Cuando estalló la epidemia de gripe en Italia en el siglo XVI, los italianos achacaron la plaga a una desafortunada disposición planetaria y la denominaron **influenza**, palabra que pasó a otros idiomas, como el castellano o el inglés. Proviene de la palabra latina **influentia** que significa influir en algo y se refería a la visita o influencia de las estrellas. Qué pena que solo fuera una fantasía, porque estaría muy bien saber de una enfermedad por las estrellas… ¡No tendríamos que ir al médico! El término **gripe** o **gripa** deriva del francés *grippe*, que viene del suizo-alemán *grupi*, «acurrucarse».

EL NOTICIERO

Durante la Primera Guerra Mundial estalló la pandemia de gripe más grande de la historia de la humanidad. Para no provocar pánico entre los soldados, en los países implicados en la contienda se censuró hablar de la enfermedad en la prensa. España era un país neutral que no participó en la guerra y no censuró el que un periódico español informó por primera vez de la pandemia de gripe, y de ahí que a la epidemia se la acabase llamando gripe "española" en algunos lugares. Sin embargo, la enfermedad no tuvo su origen en España. ¿Dónde entonces? Hay muchas hipótesis. La más aceptada dice que la gripe se inició en Estados Unidos, y el primer enfermo fue un cocinero que se contagió de unas aves en un campamento militar.

¡Por todos los pollos asados! ¡Nadie esperaba el comienzo de una gran plaga! El cocinero compartió el virus con sus compañeros y ellos, en el frente europeo, propagaron el mal en un santiamén, sobre todo al regresar a sus hogares después de la guerra. El número de víctimas fue devastador. ¡La mitad de la población mundial se infectó y murió una de cada veinte personas!

En todo el mundo, sufrieron una gran mortalidad tanto soldados como civiles, pero se agravó por el hambre que provocó la guerra, que causó desnutrición y debilidad. Nunca una gripe cosechó tantas víctimas.

Un dato interesante: en Estados Unidos, durante la pandemia, a los estudiantes que estornudaban, se les obligaba a dejar las clases e ir a casa. ¡Así que los más avispados olían pimienta molida para provocarse estornudos!

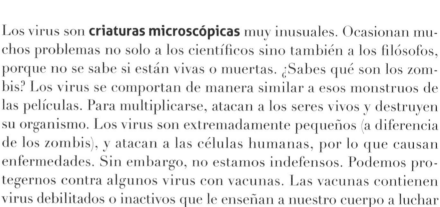

Los virus son **criaturas microscópicas** muy inusuales. Ocasionan muchos problemas no solo a los científicos sino también a los filósofos, porque no se sabe si están vivas o muertas. ¿Sabes qué son los zombis? Los virus se comportan de manera similar a esos monstruos de las películas. Para multiplicarse, atacan a los seres vivos y destruyen su organismo. Los virus son extremadamente pequeños (a diferencia de los zombis), y atacan a las células humanas, por lo que causan enfermedades. Sin embargo, no estamos indefensos. Podemos protegernos contra algunos virus con vacunas. Las vacunas contienen virus debilitados o inactivos que le enseñan a nuestro cuerpo a luchar contra estos seres peligrosos.

La gripe aviar es una cepa causada por el virus tipo A. Afecta a las aves y otros animales. Los humanos podemos contraerla de los pájaros; a menudo se contagian las personas que los tratan a diario: criadores, cocineros, vendedores. Afortunadamente, la enfermedad no se transmite de persona a persona. Tampoco nos enfermamos después de comer un pollo o un pato asado, aunque estén infectados, porque los virus de la gripe mueren a altas temperaturas.

La gripe porcina es una enfermedad causada también por el virus de tipo A. La podemos contraer de los cerdos. Las personas más vulnerables son aquellas que crían estos animales. Desafortunadamente, la gripe porcina se transmite de persona a persona. Pero ¡no te dejes llevar por el pánico en la cocina! La carne de cerdo, al horno o cocida, no es contagiosa.

La gripe estacional aparece todos los años. Al igual que cualquier otro virus, ataca a las personas con menor inmunidad, por eso a menudo enferman los niños y la gente mayor. Con este tipo de gripe nos podemos contagiar de otras personas, nunca de animales. Se debe tener especial cuidado en lugares públicos: en el transporte, la escuela o las tiendas, y limitar todo lo posible el contacto con personas enfermas.

Es posible vacunarse contra la gripe estacional. Por desgracia, la vacuna solo protege durante un tiempo corto, pues las cepas de este virus mutan muy a menudo, y las vacunas que dan inmunidad un año no la proporcionan necesariamente en los años siguientes. Por lo tanto, cada año se determina la composición de la nueva vacuna.

SARAMPIÓN

virus del sarampión

En la actualidad, **el sarampión** sigue siendo una pesadilla en muchos países del mundo. En el pasado no disponíamos de medicamentos ni vacunas para tratarlo. Una de las primeras epidemias de sarampión estalló en Europa en el siglo VII. Durante mucho tiempo el sarampión se confundió con otras enfermedades. Para que tú, querido/a lector/a, no tengas ninguna duda, te presentamos los síntomas y el desarrollo característicos de esta enfermedad virulenta:

Los primeros síntomas del sarampión incluyen: fiebre, dolor de garganta, resfriado y tos, seguidos de **manchas de Koplik.**

Las manchas de Koplik son unas lesiones blancas con fondo rojo que aparecen dentro de la boca, cerca de los molares y premolares inferiores.

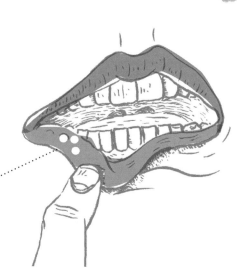

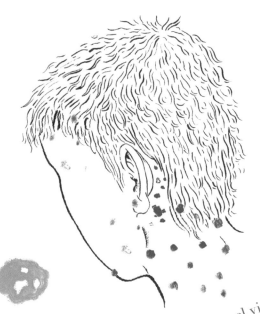

Después de unos días de contraer el virus, aparece un sarpullido en forma de manchas rojas detrás de las orejas, en el cuello y en el rostro.

14

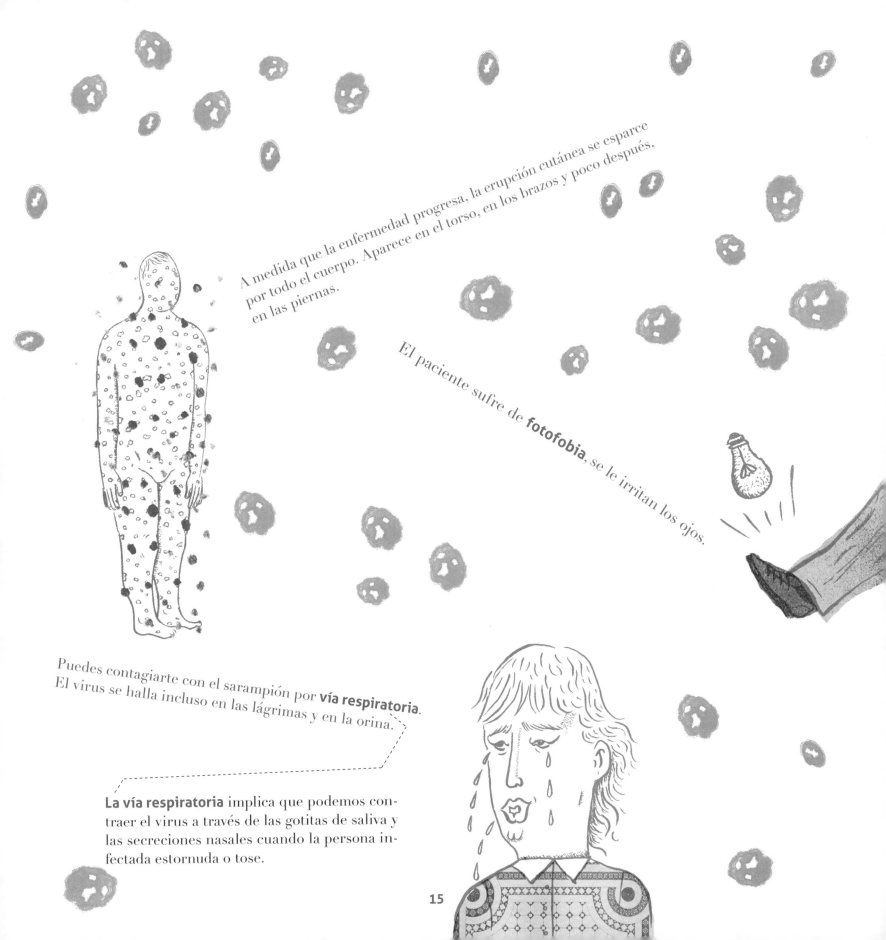

A medida que la enfermedad progresa, la erupción cutánea se esparce por todo el cuerpo. Aparece en el torso, en los brazos y poco después, en las piernas.

El paciente sufre de **fotofobia**, se le irritan los ojos.

Puedes contagiarte con el sarampión por **vía respiratoria**. El virus se halla incluso en las lágrimas y en la orina.

La vía respiratoria implica que podemos contraer el virus a través de las gotitas de saliva y las secreciones nasales cuando la persona infectada estornuda o tose.

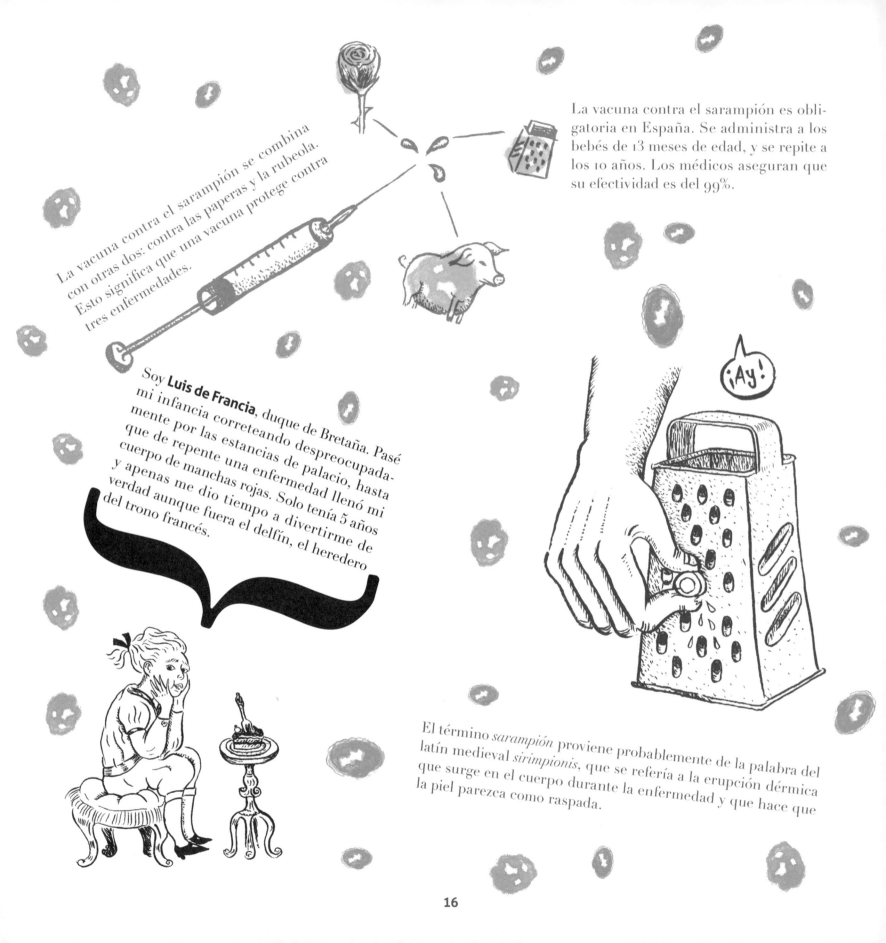

La vacuna contra el sarampión es obligatoria en España. Se administra a los bebés de 13 meses de edad, y se repite a los 10 años. Los médicos aseguran que su efectividad es del 99%.

La vacuna contra el sarampión se combina con otras dos: contra las paperas y la rubeola. Esto significa que una vacuna protege contra tres enfermedades.

Soy **Luis de Francia**, duque de Bretaña. Pasé mi infancia correteando despreocupadamente por las estancias de palacio, hasta que de repente una enfermedad llenó mi cuerpo de manchas rojas. Solo tenía 5 años y apenas me dio tiempo a divertirme de verdad aunque fuera el delfín, el heredero del trono francés.

¡Ay!

El término *sarampión* proviene probablemente de la palabra del latín medieval *sirimpionis*, que se refería a la erupción dérmica que surge en el cuerpo durante la enfermedad y que hace que la piel parezca como raspada.

16

A fines del siglo XIX, el sarampión fue una enfermedad que afectó de forma determinante a los indios yuma (habitantes de California y Arizona), pues la enfermedad consta en anotaciones de los grandes acontecimientos de su pueblo que dejaron grabadas en rocas y palitos de madera. Aquí hay un pequeño fragmento de sus anuarios:

1877 - 1878 52 hombres maricopa y pima visitaron a los mojaves. Eclipse solar.

1878 - 1879 El sarampión mató a muchos niños.

1882 - 1883 Competición de patear la pelota con los pima.

1883 - 1884 El sarampión ha vuelto.

¿Es posible que una persona delgada sea más susceptible al sarampión y alguien obeso a la viruela? Esto fue lo que pensó **Al-Razi**, un alquimista y filósofo que vivió en Bagdad, en el siglo X. Fue el primero en tratar de establecer una distinción entre las dos enfermedades. Sin embargo, hasta el siglo XVII, debido a sus síntomas similares, el sarampión y la viruela se confundían con frecuencia.

En Europa, el sarampión se suele considerar una enfermedad infantil y se vacuna a los bebés. En los países africanos, sigue siendo una enfermedad muy peligrosa y causante de una tasa de mortalidad elevada en niños pequeños. El miedo de los padres al sarampión es tan grande que tardan varios meses en dar un nombre a sus hijos. Esperan hasta que pase el riesgo de la infección y los bebés tengan más posibilidades de sobrevivir. Una vez curado de la enfermedad, el niño se inmuniza de por vida.

¡Bienvenido, su majestad! ¡Hemos preparado higadillos y sesos en su honor!

Cakobau, el rey de las islas Fiyi era un caníbal!

¿Qué le hizo al rey Cakobau viajar a Australia desde sus islas natales de Fiyi? Tal vez la fascinación irresistible que le causó el descubrimiento de los imanes… Bromas aparte, digamos la verdadera razón de su visita: en el siglo XIX, el gobierno de Gran Bretaña quiso incluir las islas Fiyi en su reino, y el rey Cakobau accedió a firmar el acuerdo de anexión. Con este fin, fue a Australia con su familia y numerosos miembros de su corte. Además de los imanes, al rey le impresionó… el ascensor. Sin embargo, el entretenimiento de subir y bajar en los ascensores acabó cuando el monarca tuvo que regresar a

casa. ¡Qué lástima que Cakobau no pudiera llevarse uno de estos artilugios de recuerdo! Sus súbditos, sin duda, estarían encantados. Así que el invento se quedó en Australia, pero el hijo del rey se llevó consigo otro tipo de *souvenir*. Fue un regalo mucho, mucho más pequeño… Más diminuto que un grano de las abundantes arenas de las islas Fiyi. Los minúsculos virus del sarampión se introdujeron en el cuerpo del príncipe en gran cantidad. Tras desembarcar, el joven los repartió entre los isleños con gran generosidad. Como puedes adivinar, no fue un regalo demasiado afortunado.

Hasta la década de 1950, nadie sabía de la existencia del sarampión en Groenlandia. Los groenlandeses lo contrajeron por gentileza de un marinero danés que los infectó con este virus desconocido. El sarampión se sintió muy cómodo entre los habitantes de la isla de hielo. En aquella época, Groenlandia apenas estaba habitada por 5000 personas (toda la población habría cabido en 25 salas del cine). Esto no impidió al virus desencadenar una epidemia e infectar a casi todos los habitantes. Solo cinco personas de toda la población se libraron del contagio. Las focas y los osos polares fueron los únicos testigos de la tragedia. Tal vez sigan contando en sus lenguas animales historias sobre unos sarpullidos siniestros que atacaron a sus vecinos bípedos.

PESTE

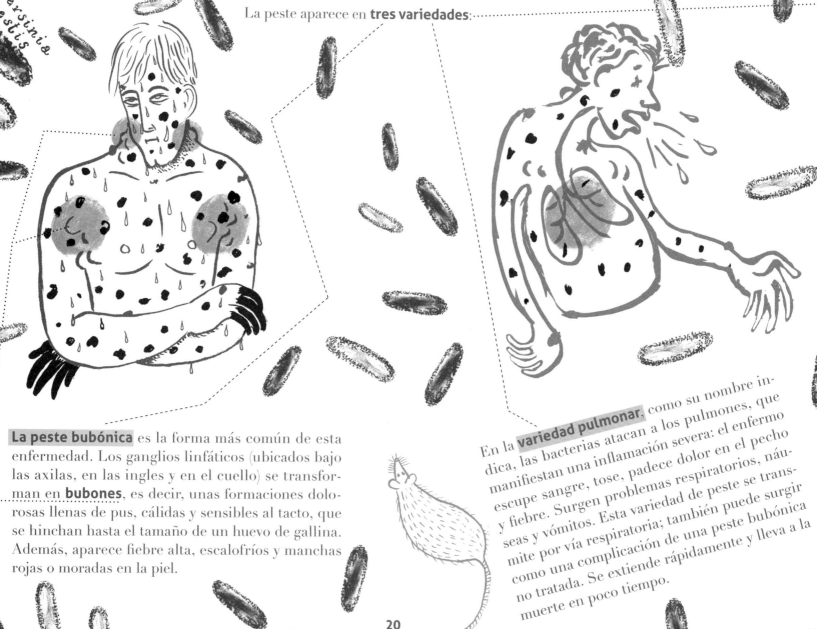

La peste ocupa un lugar destacado en la historia de la humanidad. En distintas épocas, atormentó a sociedades enteras, a las que diezmó. En Europa, las epidemias de peste estallaron en varias ocasiones. Inicialmente, cuando los médicos no distinguían las enfermedades, se las llamaba *pestis*, que en latín significa «pérdida» o «desgracia inmensa». Esta palabra permaneció en el nombre de las bacterias que causan la peste: **Yersinia pestis**. No fue hasta finales del siglo XIX que dos médicos descubrieron esta bacteria y fue posible combatir la enfermedad. Echémosle un vistazo desde una distancia segura.

La peste aparece en **tres variedades**:

yersinia pestis

La peste bubónica es la forma más común de esta enfermedad. Los ganglios linfáticos (ubicados bajo las axilas, en las ingles y en el cuello) se transforman en **bubones**, es decir, unas formaciones dolorosas llenas de pus, cálidas y sensibles al tacto, que se hinchan hasta el tamaño de un huevo de gallina. Además, aparece fiebre alta, escalofríos y manchas rojas o moradas en la piel.

En la **variedad pulmonar**, como su nombre indica, las bacterias atacan a los pulmones, que manifiestan una inflamación severa: el enfermo escupe sangre, tose, padece dolor en el pecho y fiebre. Surgen problemas respiratorios, náuseas y vómitos. Esta variedad de peste se transmite por vía respiratoria; también puede surgir como una complicación de una peste bubónica no tratada. Se extiende rápidamente y lleva a la muerte en poco tiempo.

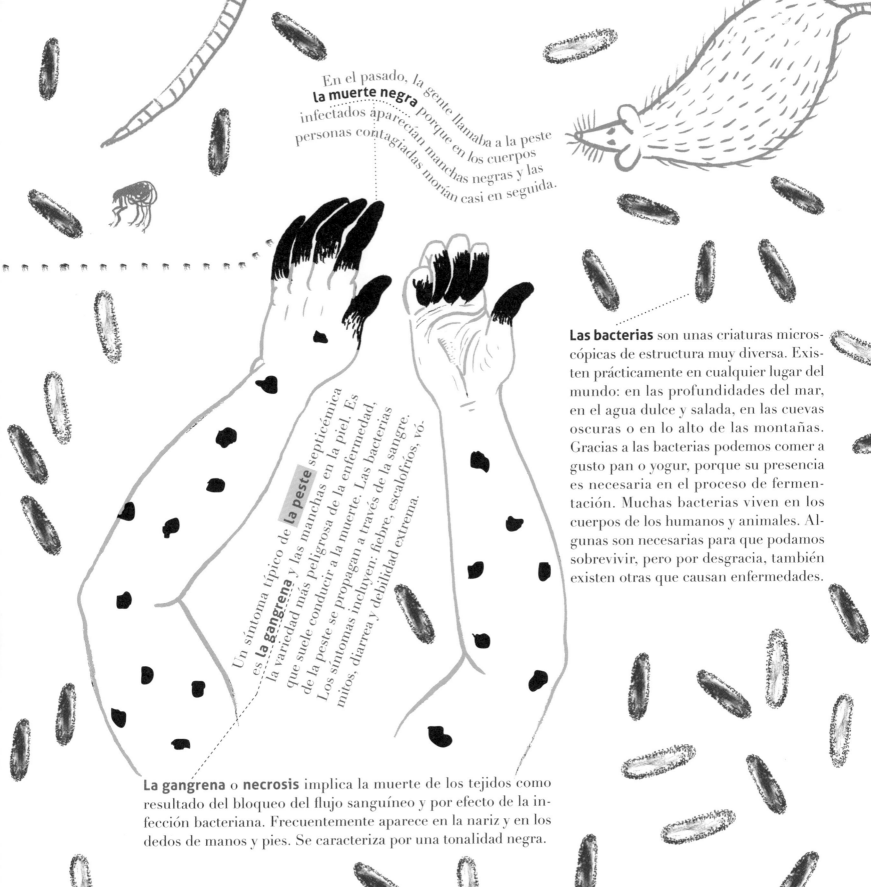

En el pasado, la gente llamaba a la peste **la muerte negra** porque en los cuerpos de las personas contagiadas aparecían manchas negras y las infectados morían casi en seguida.

Un síntoma típico de la peste septicémica es **la gangrena** y las manchas en la piel. Es la variedad más peligrosa de la enfermedad, que suele conducir a la muerte. Las bacterias de la peste se propagan a través de la sangre. Los síntomas incluyen: fiebre, escalofríos, vómitos, diarrea y debilidad extrema.

Las bacterias son unas criaturas microscópicas de estructura muy diversa. Existen prácticamente en cualquier lugar del mundo: en las profundidades del mar, en el agua dulce y salada, en las cuevas oscuras o en lo alto de las montañas. Gracias a las bacterias podemos comer a gusto pan o yogur, porque su presencia es necesaria en el proceso de fermentación. Muchas bacterias viven en los cuerpos de los humanos y animales. Algunas son necesarias para que podamos sobrevivir, pero por desgracia, también existen otras que causan enfermedades.

La gangrena o **necrosis** implica la muerte de los tejidos como resultado del bloqueo del flujo sanguíneo y por efecto de la infección bacteriana. Frecuentemente aparece en la nariz y en los dedos de manos y pies. Se caracteriza por una tonalidad negra.

Las pulgas que se alimentan de la sangre de los animales con pelaje pueden ser transmisoras de bacterias de la peste. Si el animal está enfermo, la pulga que chupa su sangre se infecta y en su tubo digestivo se forma un gran tapón que le dificulta la alimentación. Entonces la pulga se pone nerviosa y muerde todo lo que se mueve a su alrededor, incluidos los humanos. Cuando muerde a una persona, se produce el contagio.

Soy **Giorgione**, el pintor más enigmático del Renacimiento italiano. Morí de joven por la peste y mi amigo Tiziano terminó de pintar mis cuadros, por lo que se armó un lío y todavía a día de hoy se desconoce qué cuadros exactamente son de mi autoría. Muchas de las obras que se me atribuyen no son mías. Pero desde la ultratumba no voy a dar pistas a nadie.

Una de las pandemias de peste recibió su propio nombre: **la peste de Justiniano**. ¿Quién era aquel hombre tan importante como para dar su nombre a una enfermedad? Justiniano era el soberano del **imperio Bizantino**. Durante su gobierno, el imperio celebró sus triunfos, pero también la plaga. Los súbditos de Justinianano caían como chinches; había tantos cadáveres en la capital del imperio que no daban abasto para enterrarlos. A los habitantes de la capital se les ocurrió entonces **una idea espantosa**: convirtieron las torres de vigilancia en sepulcros, al llenarlas de cadáveres hasta el techo. También transformaron algunos barcos en tumbas flotantes que, cargados de muertos, dejaban a la deriva en alta mar.

El imperio Bizantino duró desde año 395 hasta el 1453 y fue la parte oriental del Imperio romano, con capital en Constantinopla (que hoy pertenece a Turquía y se llama Estambul).

La peste sirvió de inspiración al famoso escritor del siglo XX Albert Camus. Convirtió la plaga en un símbolo universal del mal y del sufrimiento humano. En el libro titulado *La peste*, describió la lucha contra el brote de la enfermedad en Orán, una ciudad argelina. La epidemia estalló inesperadamente y con gran fuerza. Albert Camus quería demostrar que el mal –del mismo modo que la peste– es impredecible y conduce al sufrimiento de muchas personas.

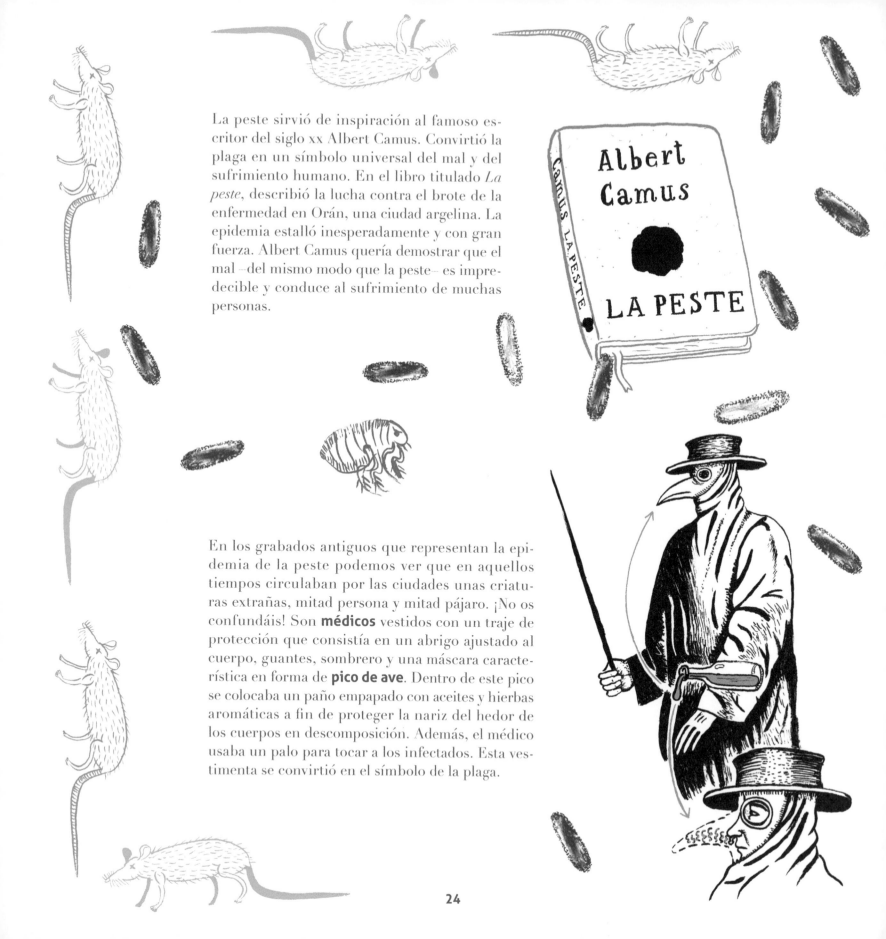

En los grabados antiguos que representan la epidemia de la peste podemos ver que en aquellos tiempos circulaban por las ciudades unas criaturas extrañas, mitad persona y mitad pájaro. ¡No os confundáis! Son **médicos** vestidos con un traje de protección que consistía en un abrigo ajustado al cuerpo, guantes, sombrero y una máscara característica en forma de **pico de ave**. Dentro de este pico se colocaba un paño empapado con aceites y hierbas aromáticas a fin de proteger la nariz del hedor de los cuerpos en descomposición. Además, el médico usaba un palo para tocar a los infectados. Esta vestimenta se convirtió en el símbolo de la plaga.

En el siglo XIV, los genoveses **arrendaron** a los tártaros tierras en Crimea, junto a la ciudad de **Feodosia**, a la que rebautizaron como Caffa y allí fundaron una factoría, es decir, un establecimiento dedicado al comercio. Bajo la administración genovesa, la ciudad se convirtió en un importante y próspero centro comercial. Los tártaros, al ver el florecimiento exuberante de aquel lugar, quisieron recuperar por la fuerza su territorio y la factoría. Sin embargo, durante mucho tiempo no lo lograron por la feroz defensa de los comerciantes. Entonces, a los tártaros se les ocurrió la astuta idea de… ¡usar un arma biológica! Mediante catapultas, arrojaron cadáveres infectados por la peste al interior de los muros de la ciudad. Las pulgas saltaron de los cadáveres y mordieron a los asediados en busca de nuevo alimento y así propagaron la plaga. En Caffa estalló la epidemia y los genoveses, aterrorizados, tomaron los barcos y se desperdigaron por el resto de Europa, llevando consigo las pulgas y la peste.

Feodosia, escrito también como Teodosia, es un nombre muy antiguo. Los colonos griegos que llegaron a la región de Crimea ya en el siglo VI a. C. la encontraron tan maravillosa que la llamaron «dada por Dios».

Allá donde aparecía la peste, los lugareños busca-
ban a menudo chivos expiatorios, es decir, culpables
de la epidemia. Achacaban la responsabilidad principalmente a la población judía, a la que acusaban
(erróneamente, por supuesto) de propagar la plaga
de forma deliberada o de envenenar con ella los po-
zos. En el siglo XIV, en Suiza y Francia, comenzó
una implacable persecución de esta comunidad con
una crueldad extraordinaria. Se aplicaron castigos
horrorosos, como condenarlos a la hoguera o a la
horca en cementerios. El Papa **Clemente VI** lanzó
un mensaje de condena de estos castigos que no
tuvo eco. Los judíos huyeron de las zonas donde
la persecución fue más intensa para establecerse
allá donde había más tolerancia, en territorios que
ahora pertenecen a Rusia, Polonia o el este de Ale-
mania, y allí vivieron pacíficamente durante siglos.

Para protegerse de la peste, y siguiendo el consejo
de su médico, el Papa **Clemente VI** permaneció durante varios días en su cámara entre dos hogueras.
Y sucedió en medio de un verano canicular, ¡imagi-
nad qué bochorno! Sorprendentemente, el método

funcionó porque las pulgas no soportaban las altas
temperaturas y además no les apetecía morder la
piel caliente del papa. Por casualidad, esta idea tan
absurda resultó beneficiosa.

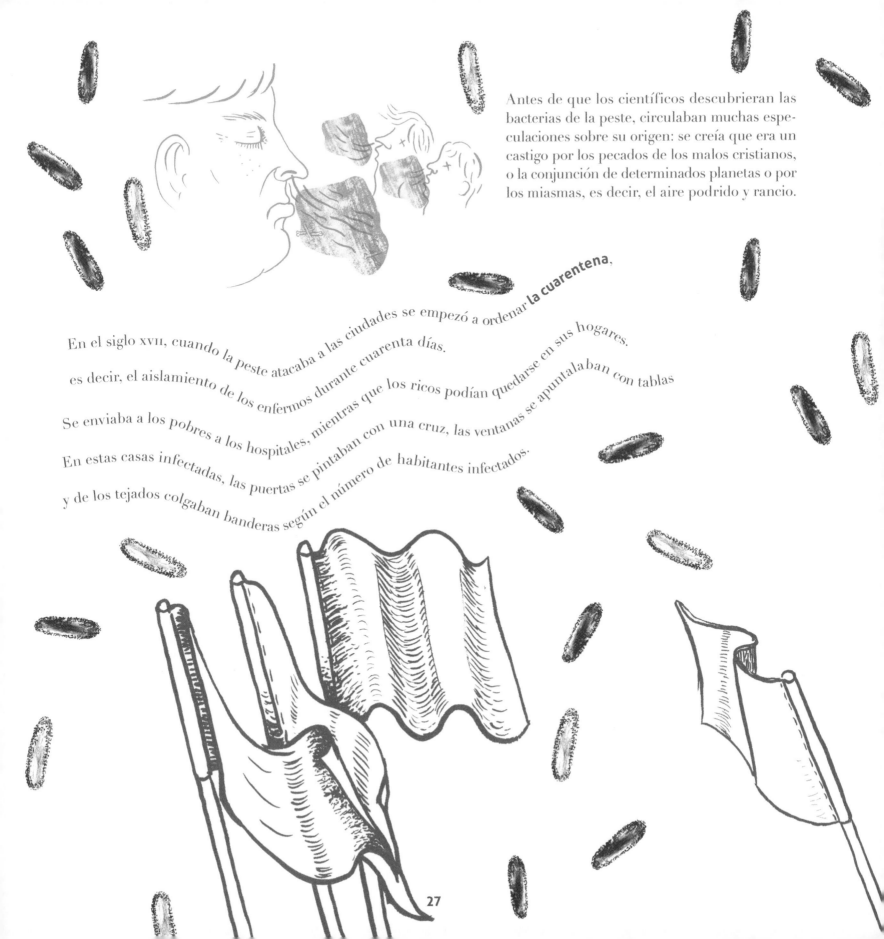

Antes de que los científicos descubrieran las bacterias de la peste, circulaban muchas especulaciones sobre su origen: se creía que era un castigo por los pecados de los malos cristianos, o la conjunción de determinados planetas o por los miasmas, es decir, el aire podrido y rancio.

En el siglo XVII, cuando la peste atacaba a las ciudades se empezó a ordenar **la cuarentena**, es decir, el aislamiento de los enfermos durante cuarenta días.

Se enviaba a los pobres a los hospitales, mientras que los ricos podían quedarse en sus hogares.

En estas casas infectadas, las puertas se pintaban con una cruz, las ventanas se apuntalaban con tablas y de los tejados colgaban banderas según el número de habitantes infectados.

ÉBOLA

virus del ébola

El ébola es una enfermedad viral muy peligrosa que causó una epidemia en África occidental en 2014, y mucho pánico en Europa entre la gente mal informada. Es una enfermedad bastante reciente. No tiene muchos antecedentes, pero es muy mediática. Ha aparecido en la televisión muchas veces. Al principio, el ébola se manifiesta de manera discreta:

Con fiebre alta, dolor muscular y de cabeza.

Luego aparecen diarrea, vómitos, dolor de abdomen,

de pecho y erupción cutánea.

El estado de salud del infectado empeora rápidamente.

En su fase álgida aparece hemorragia abundante en nariz, ojos y boca, así como hemorragias internas.

El enfermo, por lo común, pierde la conciencia y también sufre trastornos neurológicos, por ejemplo, convulsiones o alucinaciones. No hay medicina ni vacuna contra este virus. Los primeros síntomas aparecen entre el segundo y el vigésimo primer día desde el momento del contagio.

¿Sabéis dónde se diagnosticó el primer caso de ébola? Cerca del **río Ébola**. Hace unos 50 años, nadie imaginaba que se asociaría con una enfermedad mortal el nombre de un río que fluye tranquilamente a través de la selva congoleña. A mediados de la década de 1970, en sus proximidades, se descubrió el primer caso de una enfermedad hasta entonces desconocida.

No pude quedarme con los brazos cruzados ante la desgracia que el ébola causó en Sierra Leona, donde yo trabajaba. Cuando las víctimas me decían: «Doctor **Sheik Umar Khan**, ¡ayúdenos!», traté de hacer todo lo que estaba en mi mano. Al salir de mi hospital, los abrazaba para consolarlos, lo que sorprendía a los otros médicos, pues nadie quería tocar a los enfermos. Excepto yo. Por desgracia, el virus también me abrazó a mí y tuve que despedirme de este mundo.

Un hospital no es sinónimo de seguridad y tratamiento para todos. En África, en los territorios dominados por la epidemia, la gente asocia los hospitales con lugares peligrosos, donde se les infecta intencionadamente. Sospechando maquinaciones del gobierno, los ciudadanos no quieren quedarse en los hospitales, les tienen miedo e inventan teorías de la conspiración sobre ellos: afirman que el gobierno propaga el virus a propósito para obtener órganos de las personas. Los africanos confían más en los chamanes locales que en los médicos profesionales. En uno de los hospitales de Monrovia, que es la capital de Liberia, hubo **una rebelión**. Los pacientes saquearon el centro y robaron, entre otras cosas, colchones manchados de sangre y ropa de cama seguramente infectados con el virus. Sin querer, contribuyeron a una mayor expansión de la enfermedad. Porque... dormir en un colchón infectado con ébola suele conducir al sueño eterno.

ACTA DE DEFUNCIÓN

Señor Fulano

CAUSA DE DEFUNCIÓN

Una eBOLA en la cabeza

Los liberianos son reacios a cumplir las órdenes según las cuales los muertos por ébola deben incinerarse (es decir, han de quemarse). Cuando la muerte se debe a otras causas, se permite una ceremonia fúnebre tradicional para dar sepultura al muerto. Los liberianos dan mucha importancia al enterramiento de sus seres queridos. Cuando un miembro de la familia muere de ébola, algunos **sobornan a los trabajadores sociales**, quienes extienden el certificado de defunción para que indiquen otra causa de la muerte y así poder enterrar a sus difuntos de manera tradicional.

En África, podemos encontrar muchos **manjares inusuales**. Uno de ellos son... los murciélagos. Con la carne de estos mamíferos se preparan varios tipos de platos: sopas o tentempiés en forma de chips. La gastronomía de los habitantes de estas regiones de África puede parecerte extraña, pero hay un problema mucho más grave que los gustos culinarios, diferentes de los del resto del mundo: tres de las especies de murciélagos frugívoros son portadoras del virus del ébola. Los animales no enferman, pero pueden contagiarnos. Los africanos no hacen mucho caso. Los murciélagos siguen convirtiéndose en sopa de todos modos, porque la gente local no quiere renunciar a este manjar y no les importan los nocivos efectos que sus banquetes puedan provocar. ¡Y no nos referimos a una indigestión!

En Liberia, los rituales funerarios implican lavar el cuerpo del muerto y velarlo varios días. Durante el velatorio, los allegados del difunto lo besan y consumen alimentos junto a él. Para un virus que causa fiebre hemorrágica, la ceremonia funeraria no es una despedida, ¡al contrario, la fiesta acaba de empezar! El virus se propaga a través de la sangre y los fluidos corporales, por lo que estos ritos son una forma fácil y rápida de propagarse. Por esta razón las autoridades liberianas prohibieron el entierro tradicional de los muertos por ébola. La finalidad de una cremación rápida es limitar los contagios.

CÓLERA

«¡Maldita sea! ¿Esto son *vibrios*?», podría ser la reacción de un empleado de laboratorio al ver por el microscopio las bacterias esparcidas por las páginas de este capítulo. Los bacilos llamados **Vibrio colerae** causan el cólera. Eran desconocidos hasta 1854, cuando los aisló por primera vez el anatomista italiano Filippo Pacini, 30 años antes de los descubrimientos del bacteriólogo alemán **Robert Koch**. El cólera es una enfermedad grave del sistema digestivo, y sus pandemias han asolado el mundo en varias ocasiones. A día de hoy, sigue siendo un serio problema en algunas partes del globo. ¡Maldita sea!

La enfermedad sobreviene de manera rápida e intensa. Después de invadir el cuerpo, las bacterias se multiplican en los intestinos, inhiben la absorción de agua y nutrientes, por lo que causan la acumulación de líquidos. A consecuencia del contagio aparece diarrea profusa y vómitos frecuentes, que llevan a la deshidratación y al agotamiento extremo. La piel del enfermo se seca y sus rasgos faciales se agudizan de forma característica, lo que se llama **facies hipocratica**. El infectado padece calambres musculares y antes de morir cae en coma.

Facies hipocratica

Hipócrates era un antiguo médico griego que creía que el estado de salud de una persona se podía determinar según su aspecto físico.

ojos hundidos

cutis de color terroso

mejillas hundidas

labios resecos

32

Todavía hay lugares en el mundo donde no existen retretes, cuartos de baño ni alcantarillado. Allí, para beber y bañarse, la gente toma agua directamente de los ríos, que a veces están contaminados, y las bacterias *vibrio* se sienten cómodas en las aguas sucias. Piensa que para tener suerte no hace falta con que te toque la lotería. Solo con tener un cuarto de baño en casa y acceso a agua corriente, puedes considerarte un privilegiado. ¡Te recomendamos que te alegres cada vez que veas la taza del inodoro!

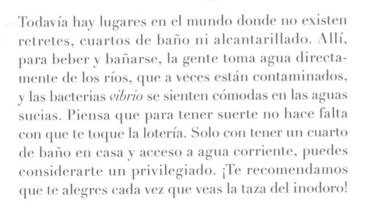

Si deseas protegerte a ti y a otros de un brote de cólera, debes seguir algunas pautas simples: en lugares sin alcantarillado, evita hacer tus necesidades cerca de los ríos de donde se extrae agua potable. Siempre **lávate las manos** después de hacer de vientre. El cólera es una enfermedad del sistema digestivo, por eso siempre hay que enjuagar bien las verduras y frutas con agua limpia y no contaminada antes de comerlas. Debes hacerlo teniendo en cuenta, entre otras cosas, las moscas que suelen pulular sobre ellas. Nunca se sabe dónde han estado antes de posarse en la manzana que estás a punto de morder. Es recomendable beber agua hervida o embotellada cuando no hay agua del grifo potable.

Hasta el siglo XIX, el mundo era completamente diferente. La gente no prestaba mucha atención a la higiene y solía verter las aguas residuales directamente en los ríos. Fue en aquella época cuando una epidemia de cólera hizo estragos en Londres. Un médico inglés, **John Snow** realizó una investigación para descubrir la causa de la plaga. Se dio cuenta de que las personas que usaban la bomba de agua en **Broadwick Street** enfermaban a menudo. Por aquel entonces el agua potable se bombeaba directamente del río, sin potabilizar. La bomba estaba ubicada justo al lado de alcantarilla, así que el río en aquel lugar estaba muy contaminado. Esta observación lo llevó a un descubrimiento revolucionario: John Snow fue el primero en notar que el agua infectada originaba el cólera. Su hipótesis era tan innovadora e inusual que nadie lo creyó. Pero tras la insistencia del médico, la bomba fue clausurada por si acaso. Antes de descubrir que las bacterias del cólera acechan en el agua, la gente creía que la enfermedad tenía su origen en las emanaciones fétidas. Incluso se formuló la **teoría miasmática**.

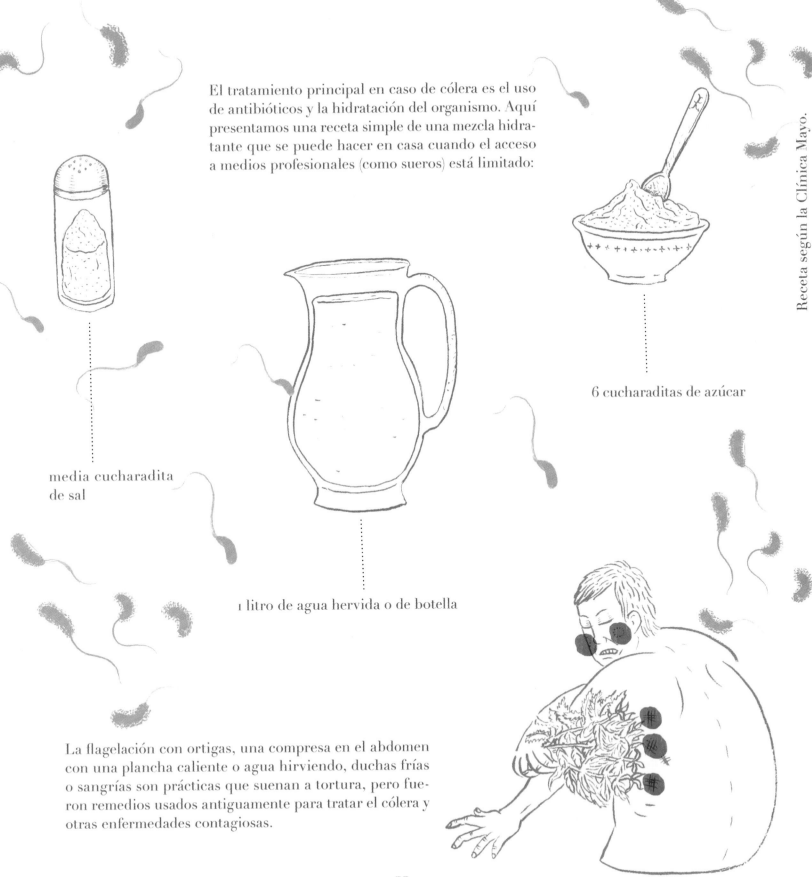

El tratamiento principal en caso de cólera es el uso de antibióticos y la hidratación del organismo. Aquí presentamos una receta simple de una mezcla hidratante que se puede hacer en casa cuando el acceso a medios profesionales (como sueros) está limitado:

Receta según la Clínica Mayo.

6 cucharaditas de azúcar

media cucharadita de sal

1 litro de agua hervida o de botella

La flagelación con ortigas, una compresa en el abdomen con una plancha caliente o agua hirviendo, duchas frías o sangrías son prácticas que suenan a tortura, pero fueron remedios usados antiguamente para tratar el cólera y otras enfermedades contagiosas.

Los investigadores han descubierto que las personas con sangre tipo O son más susceptibles al virus del cólera y tienen más probabilidades de contraer la enfermedad porque padecen diarrea y vómitos más abundantes.

Permitan que me presente: me llamo Georg **Wilhelm Friedrich Hegel.** Fui un filósofo alemán del siglo XIX, y mis teorías ejercieron una gran influencia sobre otros grandes filósofos. ¡Por desgracia, el maldito cólera se me llevó de este mundo prematuramente! ¿Quién sabe qué más se me hubiera ocurrido?

A fines del siglo XVII y a principios del siglo XVIII, el mundo estaba lleno de profesiones extrañas. Una de ellas fue... **la de envenenador**. La italiana Tofana fue una de las dignas representantes de este oficio. Era una verdadera maestra en su profesión. ¡Para pasar desapercibida, vendía los venenos preparados según sus propias fórmulas en frascos con la imagen de **San Nicolás**! El veneno no tenía olor ni sabor y funcionaba infaliblemente al causar síntomas similares al cólera. Gracias a esto, los crímenes de Tofana fueron indetectables durante muchos años.

¿Qué diferencia **el** cólera (enfermedad) de **la** cólera (ira)? Pues provienen de la misma palabra griega χλέρα (kholérā), que luego pasó al latín y desde Hipócrates se refería a la diarrea biliosa y a la bilis. Y parece que griegos y latinos ya ligaban la bilis con el mal temperamento y en ese sentido se usaba «cólera» en el lenguaje corriente. Fue en el Renacimiento cuando se recuperó la palabra como término médico para designar a la enfermedad, y por eso se diferencian en género en castellano. Nos ha quedado en femenino la acepción popular y en masculino la acepción médica.

LEPRA

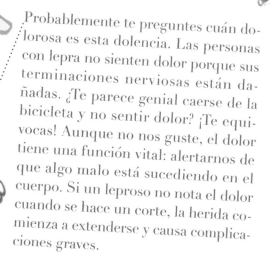

bacilo de la lepra

La lepra es muy antigua, tenemos numerosas referencias de sus desagradables consecuencias. La primera mención de esta enfermedad proviene un texto hindú de hace 3000 años, el *Átharva-veda*, y también aparece en el *Antiguo Testamento*. Desde 1954, en muchos países del mundo, el último domingo de enero se celebra el Día Mundial de los Leprosos como muestra de compasión, preocupación y solidaridad con las personas afectadas por la lepra. Sin embargo, no siempre fue así. Durante cientos de años, los leprosos fueron condenados por el solo hecho de estar enfermos. Se les aislaba en colonias especiales y se les negaba la participación en la vida pública. En torno a esta enfermedad se crearon muchos mitos. Para no caer en ellos, estos son los hechos contrastados sobre la lepra.

Probablemente te preguntes cuán dolorosa es esta dolencia. Las personas con lepra no sienten dolor porque sus terminaciones nerviosas están dañadas. ¿Te parece genial caerse de la bicicleta y no sentir dolor? ¡Te equivocas! Aunque no nos guste, el dolor tiene una función vital: alertarnos de que algo malo está sucediendo en el cuerpo. Si un leproso no nota el dolor cuando se hace un corte, la herida comienza a extenderse y causa complicaciones graves.

Distinguimos **dos tipos** de lepra:

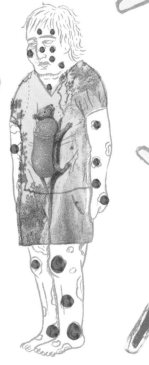

La variedad lepromatosa es el estado más grave de la enfermedad. Los cambios en la piel pueden ser múltiples: manchas, bultos o llagas profundas que la destruyen. Las bacterias atacan a la piel y también a los nervios, el esqueleto y los órganos internos. Al enfermo se le cae el cabello, las pestañas y las cejas. En su rostro aparece hinchazón y engrosamiento del cutis, y los huesos del tabique y de la base de la nariz quedan destrozados, lo que le da un aspecto singular llamado **cara de león**.

La variedad tuberculoide se caracteriza por lesiones en la piel en forma de manchas que pueden aparecer en todo el cuerpo. A los bacilos de la lepra les encanta la temperatura de 32° C, la que existe normalmente en las palmas de las manos, los pies y la cara, por tanto la enfermedad afecta principalmente a estas partes del cuerpo. Este tipo de lepra, si no se trata, puede provocar numerosas lesiones, quemaduras y deformaciones, porque el paciente pierde sensibilidad y percepción del dolor.

Actualmente, la lepra se puede curar completamente con una mezcla de **antibióticos**.

El coste de la medicación es el de un par de entradas de cine.

ENTRADA DE CINE

Los antibióticos son un grupo de medicamentos que destruyen las bacterias peligrosas para el cuerpo humano (¡pero no los virus!). Su nombre tiene origen griego: *anti* (contra) y *bios* (vida). El primer antibiótico (la penicilina) fue descubierto por **Alexander Fleming** en 1928.

Los bacilos de la lepra los descubrió en 1873 **Armauer Hansen** en Bergen (Noruega), donde hay un museo sobre la enfermedad, y así la lepra también se conoce como **enfermedad de Hansen**.

Es difícil cultivar los bacilos de lepra en un laboratorio, por lo que su investigación fue muy problemática. Sin embargo, los científicos han descubierto que unos pequeños mamíferos, **los armadillos**, también padecen esta grave enfermedad. Tienen una excelente temperatura corporal para el desarrollo de las bacterias, así que después de este descubrimiento, se utilizaron estos animales en los estudios para lograr la medicina.

Durante siglos existieron **las leproserías**, recintos de uno o varios edificios destinados únicamente a los leprosos y a sus cuidadores. Se solían construir fuera de las murallas de las ciudades, a una distancia segura. Sin embargo, los pacientes no permanecían allí por motivos de salud, sino para aislarlos de las personas sanas y no infectarlas. Era más bien una forma de reclusión para proteger a los sanos que una medida para cuidar a los enfermos.

Lepra en latín significa «escamoso»: de aquí proviene tanto el nombre de la enfermedad como el de los lugares destinados a los enfermos, y seguramente se debe al aspecto de la piel de los infectados, por su semejanza con las escamas de algunos animales. ¡La imaginación humana no conoce límites! En francés, para describir una fachada deteriorada de un edificio todavía sigue usándose el adjetivo *lèpreuse*.

A veces, junto a la entrada del edificio se erigía **una horca** para advertir de las consecuencias en caso de fuga.

La mayoría de las leproserías se crearon en la Edad Media. El último lugar de este tipo que funciona en Europa se encuentra en el delta del Danubio, en la ciudad rumana de Tichileşti.

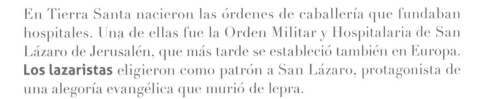

En Tierra Santa nacieron las órdenes de caballería que fundaban hospitales. Una de ellas fue la Orden Militar y Hospitalaria de San Lázaro de Jerusalén, que más tarde se estableció también en Europa. **Los lazaristas** eligieron como patrón a San Lázaro, protagonista de una alegoría evangélica que murió de lepra.

La huella de la actividad de esta orden se conserva en los nombres de diversos barrios: Saint-Lazare en París, San Lazarro en Bolonia, Lazarus en Poznań o São Lazaro en Macao. Y por ello las proserías también se llaman «lazaretos».

La cruz maltesa de color verde sigue siendo el sello distintivo de los caballeros religiosos que desde la Edad Media cuidaron a los leprosos y fundaron las leproserías.

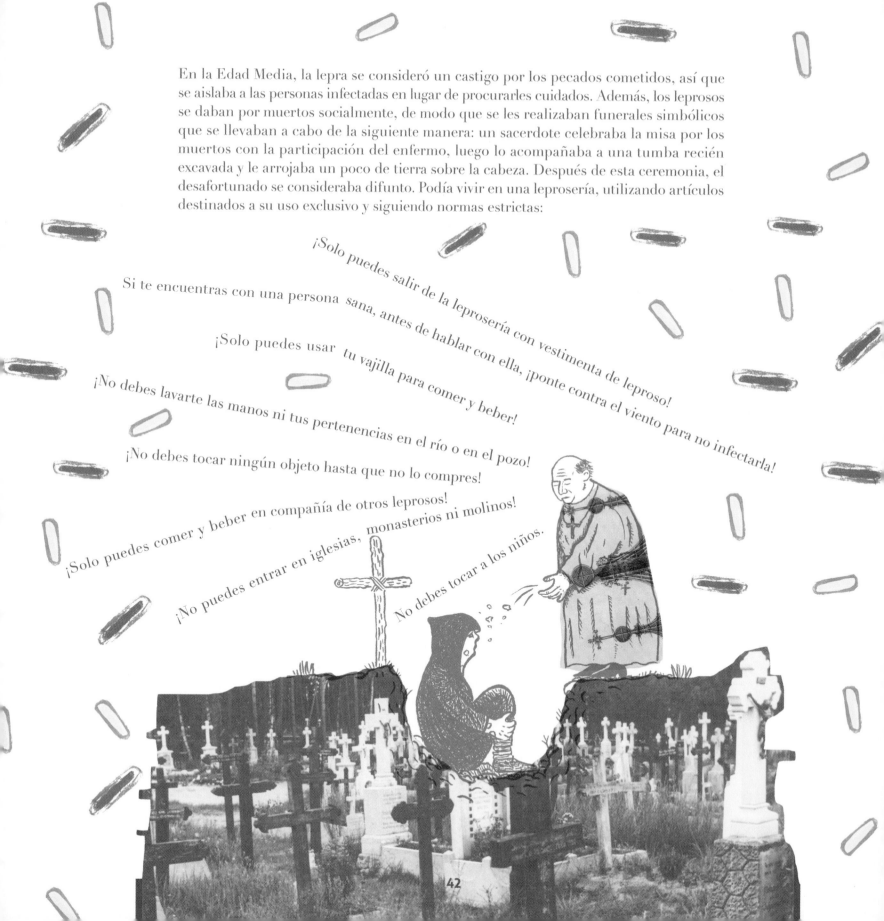

En la Edad Media, la lepra se consideró un castigo por los pecados cometidos, así que se aislaba a las personas infectadas en lugar de procurarles cuidados. Además, los leprosos se daban por muertos socialmente, de modo que se les realizaban funerales simbólicos que se llevaban a cabo de la siguiente manera: un sacerdote celebraba la misa por los muertos con la participación del enfermo, luego lo acompañaba a una tumba recién excavada y le arrojaba un poco de tierra sobre la cabeza. Después de esta ceremonia, el desafortunado se consideraba difunto. Podía vivir en una leprosería, utilizando artículos destinados a su uso exclusivo y siguiendo normas estrictas:

¡Solo puedes salir de la leprosería con vestimenta de leproso!

Si te encuentras con una persona sana, antes de hablar con ella, ¡ponte contra el viento para no infectarla!

¡Solo puedes usar tu vajilla para comer y beber!

¡No debes lavarte las manos ni tus pertenencias en el río o en el pozo!

¡No debes tocar ningún objeto hasta que no lo compres!

¡Solo puedes comer y beber en compañía de otros leprosos!

¡No puedes entrar en iglesias, monasterios ni molinos!

No debes tocar a los niños.

42

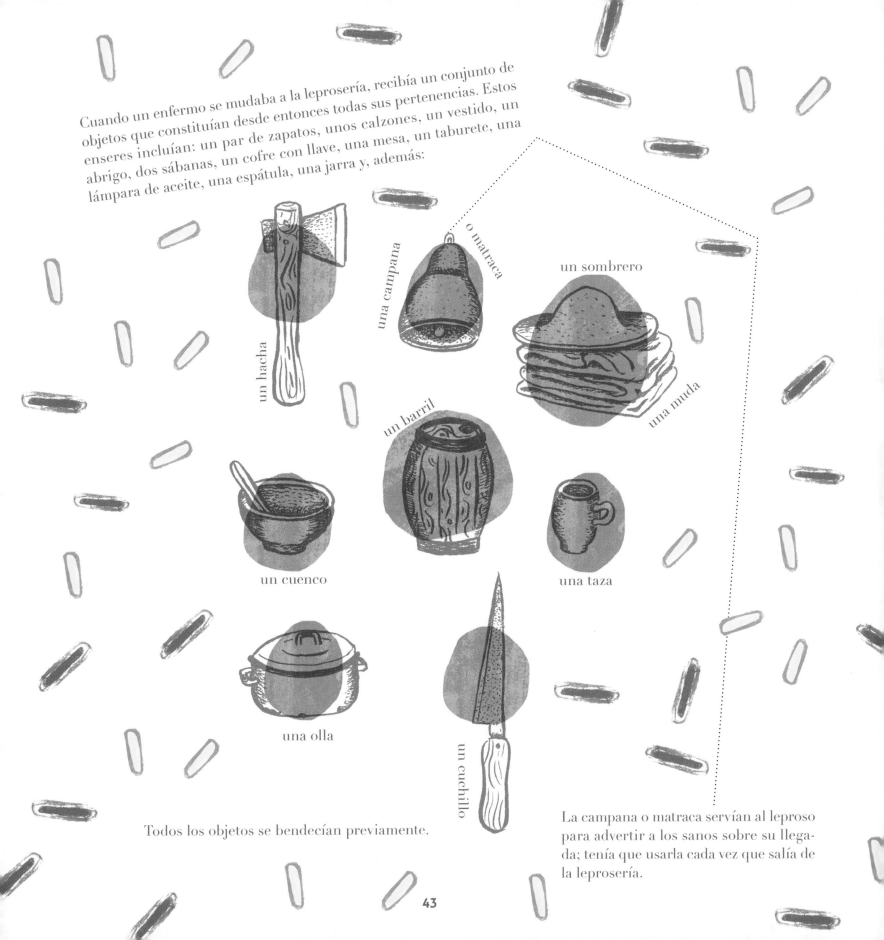

Cuando un enfermo se mudaba a la leprosería, recibía un conjunto de objetos que constituían desde entonces todas sus pertenencias. Estos enseres incluían: un par de zapatos, unos calzones, un vestido, un abrigo, dos sábanas, un cofre con llave, una mesa, un taburete, una lámpara de aceite, una espátula, una jarra y, además:

un hacha

una campana

o matraca

un sombrero

una muda

un barril

un cuenco

una taza

una olla

un cuchillo

Todos los objetos se bendecían previamente.

La campana o matraca servían al leproso para advertir a los sanos sobre su llegada; tenía que usarla cada vez que salía de la leprosería.

43

La leyenda dice que hace mucho tiempo, en Prusia, uno de **los comendadores** teutónicos enfermó de lepra. Los hermanos religiosos se negaron a cuidar al infectado, por lo que esta responsabilidad cayó sobre su sirviente polaco, que sorprendentemente no se contagió. Este incidente dio lugar a la creencia entre los alemanes de aquella época de que los polacos eran inmunes a la lepra.

El cuidador del comendador no se infectó con lepra porque es una enfermedad relativamente poco contagiosa: la infección ocurre generalmente por el contacto cercano y prolongado con un enfermo, especialmente si se tienen lesiones en la piel. En casos del tipo lepromatoso, existe la posibilidad de infección por gotitas de saliva.

El comendador es el jefe de la casa religiosa, el subalterno del gran maestro de la Orden Teutónica, gobernador del estado teutónico.

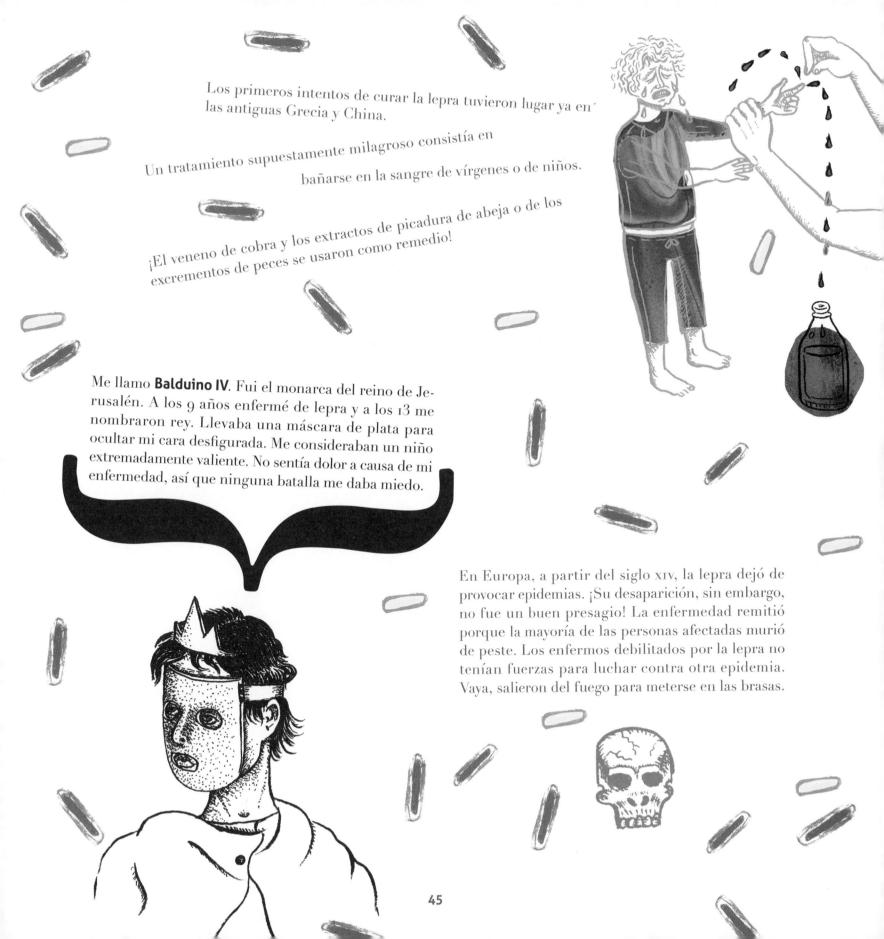

Los primeros intentos de curar la lepra tuvieron lugar ya en las antiguas Grecia y China.

Un tratamiento supuestamente milagroso consistía en bañarse en la sangre de vírgenes o de niños.

¡El veneno de cobra y los extractos de picadura de abeja o de los excrementos de peces se usaron como remedio!

Me llamo **Balduino IV**. Fui el monarca del reino de Jerusalén. A los 9 años enfermé de lepra y a los 13 me nombraron rey. Llevaba una máscara de plata para ocultar mi cara desfigurada. Me consideraban un niño extremadamente valiente. No sentía dolor a causa de mi enfermedad, así que ninguna batalla me daba miedo.

En Europa, a partir del siglo XIV, la lepra dejó de provocar epidemias. ¡Su desaparición, sin embargo, no fue un buen presagio! La enfermedad remitió porque la mayoría de las personas afectadas murió de peste. Los enfermos debilitados por la lepra no tenían fuerzas para luchar contra otra epidemia. Vaya, salieron del fuego para meterse en las brasas.

45

VIRUELA

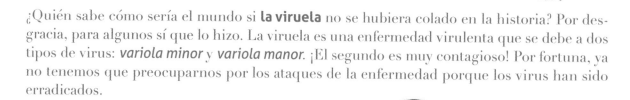

¿Quién sabe cómo sería el mundo si **la viruela** no se hubiera colado en la historia? Por desgracia, para algunos sí que lo hizo. La viruela es una enfermedad virulenta que se debe a dos tipos de virus: *variola minor* y *variola manor*. ¡El segundo es muy contagioso! Por fortuna, ya no tenemos que preocuparnos por los ataques de la enfermedad porque los virus han sido erradicados.

Los últimos casos de infección por viruela:

En 1972, esta enfermedad ahora inexistente estalló en forma de epidemia en Yugoslavia, es decir, en un país que ya tampoco existe. Murieron alrededor de treinta y cinco personas.

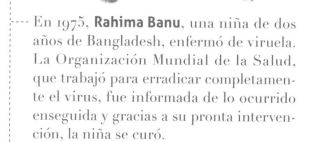

En 1975, **Rahima Banu**, una niña de dos años de Bangladesh, enfermó de viruela. La Organización Mundial de la Salud, que trabajó para erradicar completamente el virus, fue informada de lo ocurrido enseguida y gracias a su pronta intervención, la niña se curó.

En 1978, en la escuela de medicina de Birmingham ocurrió un fatal accidente causado por la protagonista de este capítulo. Y no fue el único, pero hay que admitir que tampoco la viruela tuvo toda la responsabilidad. Los rebeldes no fueron los alumnos de aquella escuela, sino el objeto de estudio de los científicos, pues los virus escaparon del laboratorio y se extendieron a través de los conductos de ventilación. De esta manera, llegaron al **cuarto oscuro**. Desafortunadamente para **Janet Parker**, una fotógrafa médica que trabajaba revelando las fotografías en esa habitación, los virus no temen a la oscuridad. La mujer se infectó, enfermó y murió de viruela. Sus familiares fueron sometidos a cuarentena, pero por suerte ninguno de ellos cayó enfermo. Sin embargo, esta no fue la última víctima de esta tragedia. Un tal **Henry Bedson**, el responsable de la fuga del virus, atormentado por el remordimiento, se suicidó; dejó una carta de despedida en la que explicaba su dramática decisión.

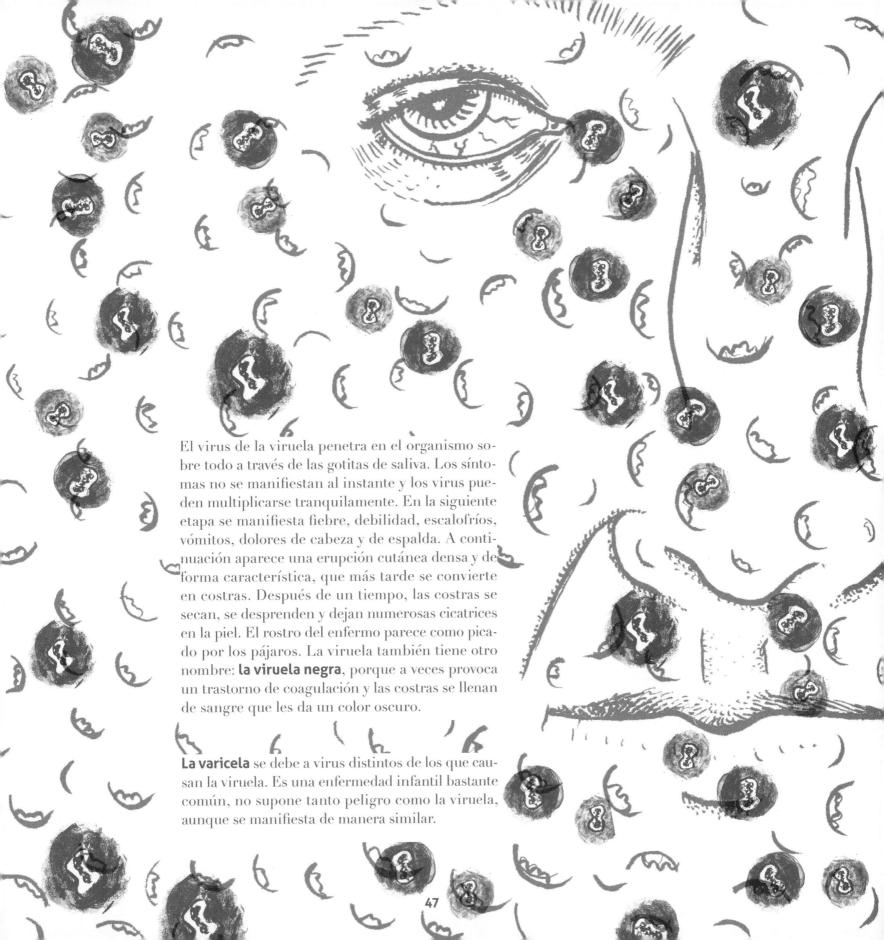

El virus de la viruela penetra en el organismo sobre todo a través de las gotitas de saliva. Los síntomas no se manifiestan al instante y los virus pueden multiplicarse tranquilamente. En la siguiente etapa se manifiesta fiebre, debilidad, escalofríos, vómitos, dolores de cabeza y de espalda. A continuación aparece una erupción cutánea densa y de forma característica, que más tarde se convierte en costras. Después de un tiempo, las costras se secan, se desprenden y dejan numerosas cicatrices en la piel. El rostro del enfermo parece como picado por los pájaros. La viruela también tiene otro nombre: **la viruela negra**, porque a veces provoca un trastorno de coagulación y las costras se llenan de sangre que les da un color oscuro.

La varicela se debe a virus distintos de los que causan la viruela. Es una enfermedad infantil bastante común, no supone tanto peligro como la viruela, aunque se manifiesta de manera similar.

Cómo preparar una vacuna contra la viruela según el método utilizado en la antigua China:

1. Recoge las costras de la viruela.

2. Tritúralas bien.

3. Frota el polvo en las fosas nasales, es decir, donde se encuentra **la mucosa**.

En Europa, **lady Mary Wortley Montagu** intentó implantar las primeras vacunas a principios del siglo XVIII. Era la esposa del embajador británico en Turquía y allí observó un método de inoculación que consistía en perforar la piel con una aguja previamente sumergida en pus de viruela. Puede parecer bastante asqueroso, pero en muchos casos este método funcionó como protección contra el contagio. Sin embargo, el método no estaba exento de riesgos. Este tipo de vacunación podía provocar complicaciones e incluso la muerte. Un método más seguro descubrió a finales del mismo siglo **Edward Jenner**. Este médico inglés se dio cuenta de que las vacas sufren de una variante más leve de la viruela, **la viruela bovina**. Las personas que trabajaban con vacas, como ordeñadores, criadores de ganado y granjeros, se infectaban con esta variedad y no enfermaban de viruela porque su organismo se volvía inmune. Aunque otros se mofaron de Jenner por su descubrimiento, él siguió inyectando con esa cepa a la gente en la que fue la primera vacuna universal. Derivado de las vacas, el método recibió el nombre de «vacuna».

escoba para limpiar polvo y bacterias: recuerda la higiene en el ambiente;

tarro con agua limpia y fría: simboliza la limpieza y el alivio de la fiebre;

burro: un animal muy rechazado y descuidado; recuerda el respeto y el amor hacia los animales.

En la India se venera a la diosa Sitala Devi, que proporciona medicinas y alivio, pero también fiebre alta y sarpullidos. Sitala Devi es la diosa de la viruela, del ambiente libre de contaminación y del amor por los animales. Se creía que causaba la viruela en las personas para recordarles que la vida también tiene su lado oscuro.

En el siglo XVI, el conquistador Hernán Cortés y su destacamento llegaron a una tierra habitada por los aztecas, quienes los confundieron, según la profecía, con enviados del dios Quetzal-cóatl. La barba y la tez clara del europeo y la coincidencia de la fecha hizo que los indígenas lo reconocieran como su deidad. Este giro de los acontecimientos le facilitó las cosas, porque el objetivo del invasor no era otro que conquistar aquellas tierras. Sin embargo, su buena suerte no duró mucho. Se produjo una pelea entre los soldados del dios falso y los indígenas. Los nativos perdieron la batalla, pero Cortés le debió la victoria a un aliado, la viruela negra. Resulta que uno de los soldados infectó a los aztecas, que eran completamente vulnerables al virus, y murieron de forma masiva.

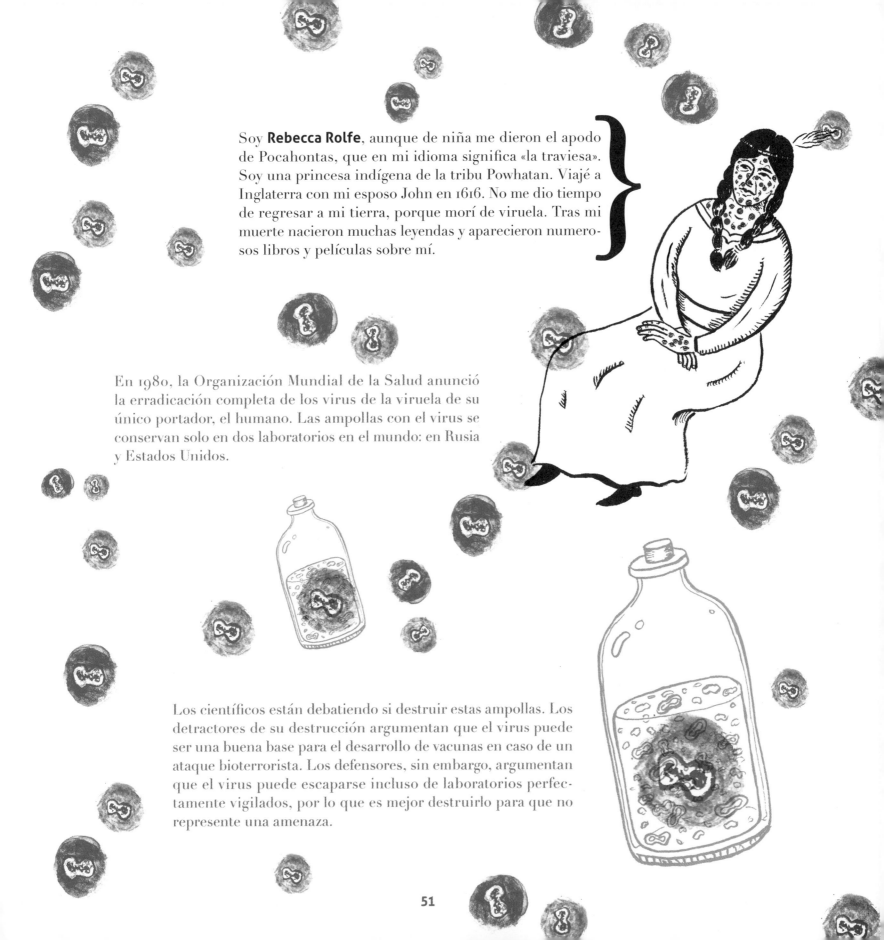

Soy **Rebecca Rolfe**, aunque de niña me dieron el apodo de Pocahontas, que en mi idioma significa «la traviesa». Soy una princesa indígena de la tribu Powhatan. Viajé a Inglaterra con mi esposo John en 1616. No me dio tiempo de regresar a mi tierra, porque morí de viruela. Tras mi muerte nacieron muchas leyendas y aparecieron numerosos libros y películas sobre mí.

En 1980, la Organización Mundial de la Salud anunció la erradicación completa de los virus de la viruela de su único portador, el humano. Las ampollas con el virus se conservan solo en dos laboratorios en el mundo: en Rusia y Estados Unidos.

Los científicos están debatiendo si destruir estas ampollas. Los detractores de su destrucción argumentan que el virus puede ser una buena base para el desarrollo de vacunas en caso de un ataque bioterrorista. Los defensores, sin embargo, argumentan que el virus puede escaparse incluso de laboratorios perfectamente vigilados, por lo que es mejor destruirlo para que no represente una amenaza.

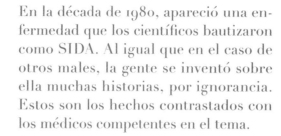

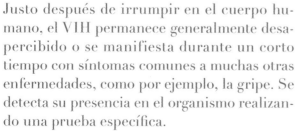

En la década de 1980, apareció una enfermedad que los científicos bautizaron como SIDA. Al igual que en el caso de otros males, la gente se inventó sobre ella muchas historias, por ignorancia. Estos son los hechos contrastados con los médicos competentes en el tema.

Pueden pasar muchos años hasta que una persona infectada con el VIH desarrolla la enfermedad del SIDA.

El virus VIH es el causante del SIDA.

VIH son las siglas de Virus de Inmunodeficiencia Humana.

SIDA son las siglas de Síndrome de InmunoDeficiencia Adquirida.

Justo después de irrumpir en el cuerpo humano, el VIH permanece generalmente desapercibido o se manifiesta durante un corto tiempo con síntomas comunes a muchas otras enfermedades, como por ejemplo, la gripe. Se detecta su presencia en el organismo realizando una prueba específica.

Con el tiempo, el virus merma cada vez más el sistema inmunitario del cuerpo. El SIDA es una fase tardía de la infección por VIH. La falta de inmunidad significa pérdida de los anticuerpos que nos defienden de virus y bacterias. Por eso los afectados pueden morir de una infección cualquiera.

52

La mayoría de las personas infectadas con el VIH vive en el África subsahariana. En aquella región, el miedo al SIDA es tan grande que nadie pronuncia su nombre. En cambio, se dice «esta enfermedad» o «la palabra con la *s*». Los africanos infectados con el VIH ocultan su estado. A veces, las madres no les dicen a sus hijos que son «VIH positivo» y los empresarios llegan a despedir a sus empleados enfermos. A pesar de la gran cantidad de infectados, es muy común fingir que el mal no existe.

Un zambiano de Lusaka maldijo a su vecino: «Ojalá te mueras de SIDA». Este se sintió tan ofendido que lo demandó, pues allí el SIDA es un tema muy delicado. Tanto es así que el tribunal castigó al vecino. No sirvieron de nada sus intentos de explicaciones, ni argumentar que lo había dicho en un momento de enfado y tuvo que pagar una alta indemnización.

El 1 de diciembre es el **Día Mundial de la lucha contra el SIDA.**

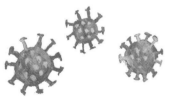

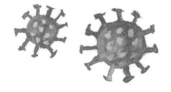

Los escándalos relacionados con el SIDA ocurren no solo en África o Asia. En Francia, en la década de los ochenta, el Ministerio de Salud aprobó las transfusiones de sangre sin analizar la presencia del VIH en ella. A causa de este descuido, se infectaron las casi 4000 personas que recibieron transfusiones.

El virus se transmite a través de las relaciones sexuales o entrando en contacto con la sangre, por ejemplo, por una transfusión o usando una aguja manchada de sangre. Una madre puede transmitir el virus a su bebé durante el parto o la lactancia. Recuerda, no puedes contagiarte por vía respiratoria o a través del tacto, como creen algunos ignorantes para disgusto de las personas que padecen SIDA.

Gracias al proyecto NAMES, podéis visitar un cementerio poco convencional, donde en lugar de lápidas hay colchas de retales de colores. NAMES es una fundación estadounidense que agrupa a miles de personas cuyos seres queridos murieron de SIDA. Cualquiera puede enviar la colcha cosida personalmente con el nombre del difunto estampado o bordado. Para crear este tipo de recuerdo, la gente utiliza a menudo la ropa de sus seres queridos. También hay colchas decoradas con objetos peculiares: llaves del coche, bolas de jugar a bolos, mechones de pelo, ¡incluso las cenizas de los muertos! Las colchas individuales se combinan entre ellas formando otras más grandes y, de vez en cuando, la fundación organiza una exposición. Todas las colchas juntas pesan más de 54 toneladas en total ¡y cada vez hay más!

En África, aparte de los médicos, existen muchísimos tipos distintos de chamanes, curanderos, adivinos y brujas. Se ocupan de asuntos diversos: afirman diagnosticar y curar enfermedades, lanzan hechizos, traen mala suerte o protegen contra los ladrones. Muchos de ellos consultan con los espíritus ancestrales. Para acelerar el trabajo, a veces **llaman por teléfono** al más allá. Entre los representantes de esta profesión están también los extranjeros, por ejemplo, un chino que curaba con mezclas de hierbas importadas de su país. Hay muchos «especialistas» de este tipo. Incluso existen estudios y uno puede graduarse en medicina alternativa. Hay mucha competencia en el mercado, la gente rica prefiere especialistas caros, y los pacientes menos adinerados escogen a los más económicos. Pero todos estos charlatanes dicen saber cómo curar el SIDA.

¡Hola, bisabuelo. Te llamo por lo de la enfermedad que empieza con «S».

Sin embargo, la ciencia de hoy nos indica que el VIH es incurable, aunque hay antirretrovirales que limitan su desarrollo y permiten convertirla en solo una enfermedad crónica.

¡Brrr! Una terrible tristeza se adueñó de mi vida felina. Menos mal que tengo siete vidas. Por desgracia mi gran amigo, mi querido Freddie Mercury, tuvo solo una y la perdió. ¡Miau! No volverá, no me cantará una nana. A veces, lo escucho en la radio. ¡Freddie era una gran estrella de la música y del espectáculo! Pero escucharlo no es lo mismo que quedarse dormido en su regazo...

plasmodio de la malaria

MALARIA

¡La malaria, o paludismo, es actualmente la enfermedad infecciosa más común en el mundo! Alrededor de mil millones de personas corren el riesgo de contagiarse. No la causan bacterias o virus, sino **¡unos protozoos!** El médico francés **Charles Laveran** recibió el premio Nobel por descubrir los microbios responsables de este mal. ¡Enhorabuena, Charles!

Podemos encontrar referencias a la malaria en la mitología china: aparece en la historia de «Los tres demonios», que simbolizan los tres síntomas básicos de la enfermedad:

la hoguera es la fiebre alta

el martillo simboliza el dolor de cabeza

el cubo de agua fría representa los escalofríos.

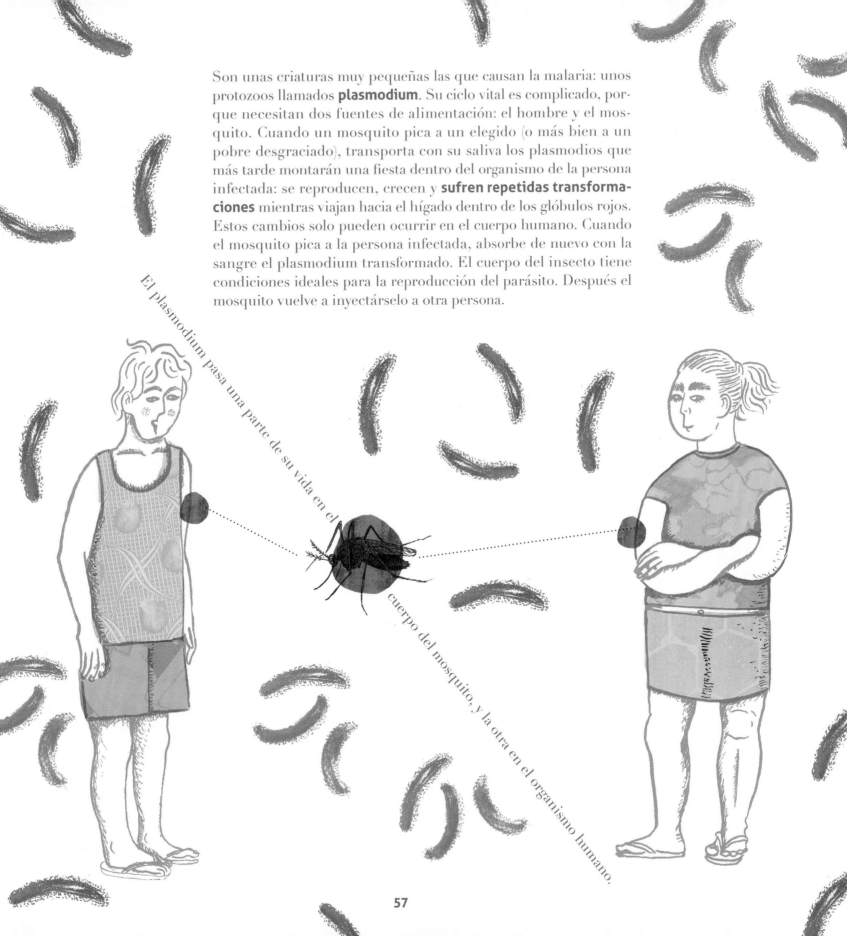

Son unas criaturas muy pequeñas las que causan la malaria: unos protozoos llamados **plasmodium**. Su ciclo vital es complicado, porque necesitan dos fuentes de alimentación: el hombre y el mosquito. Cuando un mosquito pica a un elegido (o más bien a un pobre desgraciado), transporta con su saliva los plasmodios que más tarde montarán una fiesta dentro del organismo de la persona infectada: se reproducen, crecen y **sufren repetidas transformaciones** mientras viajan hacia el hígado dentro de los glóbulos rojos. Estos cambios solo pueden ocurrir en el cuerpo humano. Cuando el mosquito pica a la persona infectada, absorbe de nuevo con la sangre el plasmodium transformado. El cuerpo del insecto tiene condiciones ideales para la reproducción del parásito. Después el mosquito vuelve a inyectárselo a otra persona.

El plasmodium pasa una parte de su vida en el cuerpo del mosquito, y la otra en el organismo humano.

57

En 1816, la malaria mató a casi todos los participantes de una expedición que exploraba la parte superior del río Congo. Lo curioso fue que ¡sobrevivieron solo los esclavos negros! Lo mismo pasó en 1841: otro grupo de exploradores viajó hasta el río Níger, y únicamente los hombres blancos murieron de malaria. ¿Por qué los nativos eran inmunes? La causa resultó ser... ¡otra enfermedad! Así que a veces tampoco es tan malo tener problemas de salud. Los autóctonos padecían **anemia de células falciformes**, una enfermedad sanguínea congénita que impedía el desarrollo de la malaria en su organismo.

La primera medicina contra el paludismo fue **la quinina**, obtenida de la corteza de unos árboles tropicales: los quinos. Actualmente, la quinina se administra solo a pacientes muy graves y cuando no hay otros medicamentos disponibles, porque puede causar muchos efectos secundarios, como trastornos irreversibles de oído y vista.

En el siglo XVIII, era muy difícil obtener quinina. Había mucha demanda y algunos médicos practicaban la estafa de hacer pasar por quinina otras plantas para enriquecerse a costa de los enfermos.

Este refresco popular lleva en su composición pequeñas cantidades de quinina.

Por supuesto, su concentración es muy baja.

¡Seguro que has probado alguna vez la tónica!

y en ningún caso beber tónica te curará de la malaria.

TÓNICA

En la década de 1950, los agricultores de los Estados Unidos, con el objetivo de combatir la malaria, solían rociar los campos con **un pesticida** llamado dicloro difenil tricloroetano, DDT. En concreto era un insecticida. Después de un tiempo, la gente que comía frutas y verduras de esos campos y huertos comenzó a padecer cáncer. La sustancia resultó ser venenosa no solo para los insectos. Tras este descubrimiento, se suspendieron las fumigaciones con DDT.

Los pesticidas son sustancias utilizadas para combatir organismos no deseados que destruyen los cultivos.

Las investigaciones sobre la fuente de infección de la malaria costaron mucho tiempo. Finalmente **Ronald Ross**, que trabajaba en la India, identificó la presencia de mosquitos portadores de la enfermedad y el ciclo vital del parásito de la malaria, por lo que fue galardonado en 1902 con el premio Nobel. Su colaborador, Patrick Manson, realizó un experimento impactante para demostrar la tesis de Ross de que los mosquitos infectan a los humanos: contagió a dos voluntarios, uno de ellos su propio hijo. Cuando enfermaron de malaria, los curó con quinina. El mosquito que les picó había sido trasladado a Londres desde Roma en una caja especial de madera.

BZZZ*!

*¡Dejadme salir de esta caja!

En la Edad Media, las epidemias de malaria también se dieron en Europa. Uno de los brotes lo vivió el mismísimo emperador alemán Federico I, Barbarroja, que conquistó Roma pero no disfrutó de la victoria por mucho tiempo: su ejército fue diezmado por la epidemia de malaria que asoló la ciudad. Como el soberano tenía muchos enemigos en Roma, huyó a escondidas y disfrazado, abandonando a su ejército a su suerte (o más bien, a merced de la malaria).

Me llamo **Vasco da Gama**. Fui un explorador portugués. Mi vida estuvo llena de aventuras y viajes. No quiero pareceros presuntuoso, pero mis méritos no tienen precio. No me limité a navegar de puerto en puerto, sino que fui el primero en llegar por mar desde Europa a la India. ¡Tratándose del siglo XV fue toda una hazaña! No me arredraban las tempestades ni las tormentas eléctricas, por eso cuesta creer que me abatiera ¡la simple picadura de un mosquito!

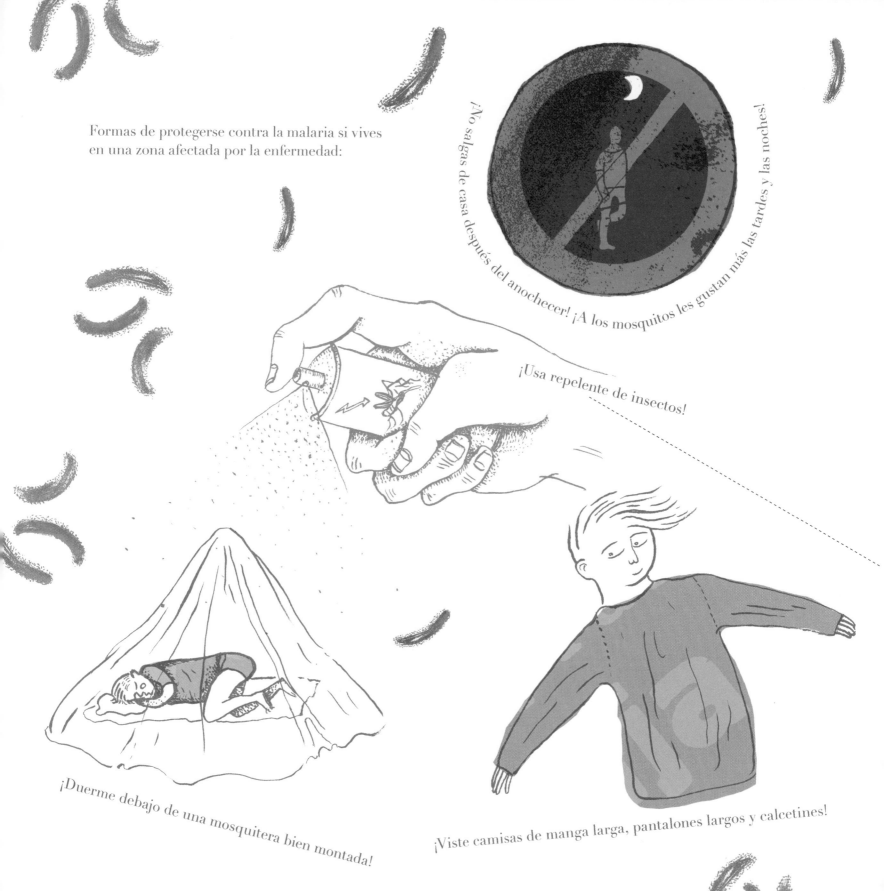

Formas de protegerse contra la malaria si vives en una zona afectada por la enfermedad:

¡No salgas de casa después del anochecer! ¡A los mosquitos les gustan más las tardes y las noches!

¡Usa repelente de insectos!

¡Duerme debajo de una mosquitera bien montada!

¡Viste camisas de manga larga, pantalones largos y calcetines!

Aún no existe una vacuna eficaz contra la malaria. Las personas que viajan por el mundo, especialmente a las zonas tropicales, deben protegerse adecuadamente contra la infección. Antes de viajar, es recomendable visitar a un médico que recomiende el medicamento adecuado según el lugar donde se viaje. ¡Es vital identificar una medicina conveniente, porque los plasmodium de malaria son inmunes a varios medicamentos!

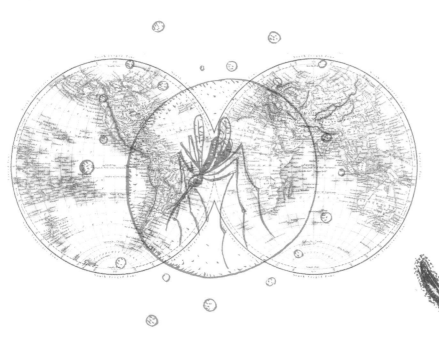

Los mosquitos *Anopheles* son los que transmiten el parásito. Viven en los trópicos, pero también en Europa. Por suerte (o por desgracia) a los plasmodium de la malaria, al igual que a las personas, les gusta el calor. Solo en zonas cálidas pueden cumplir el ciclo vital completo.

Los repelentes son sustancias que sirven para ahuyentar a los organismos indeseados en una zona determinada. Este grupo de productos incluye desde las tiras de papel de aluminio brillante que ahuyentan a los pájaros a las bolas de naftalina contra las polillas.

El 25 de abril es el **Día Mundial de la Lucha contra la Malaria.**

rickettsia

TIFUS

Los brotes de tifus han estallado numerosas veces en todo el mundo. Esta enfermedad parece tener afición por los conflictos bélicos, pues durante las guerras suele ser cuando ataca con mayor frecuencia. No tiene un enemigo claramente definido: carga contra cualquier ser vivo. Principalmente los piojos, las pulgas y los humanos. ¡Qué compañía más selecta! Veamos con qué síntomas deberíamos comenzar a preocuparnos:

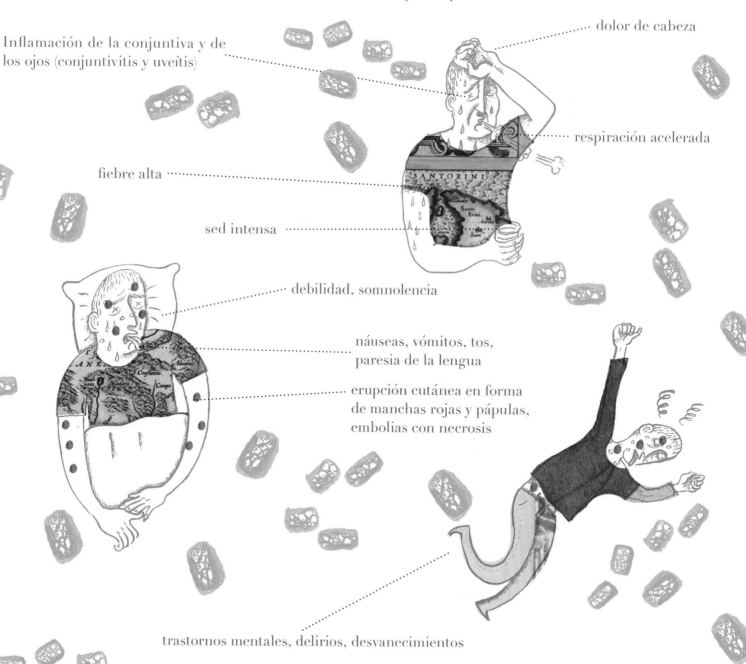

Inflamación de la conjuntiva y de los ojos (conjuntivitis y uveítis)

dolor de cabeza

respiración acelerada

fiebre alta

sed intensa

debilidad, somnolencia

náuseas, vómitos, tos, paresia de la lengua

erupción cutánea en forma de manchas rojas y pápulas, embolias con necrosis

trastornos mentales, delirios, desvanecimientos

64

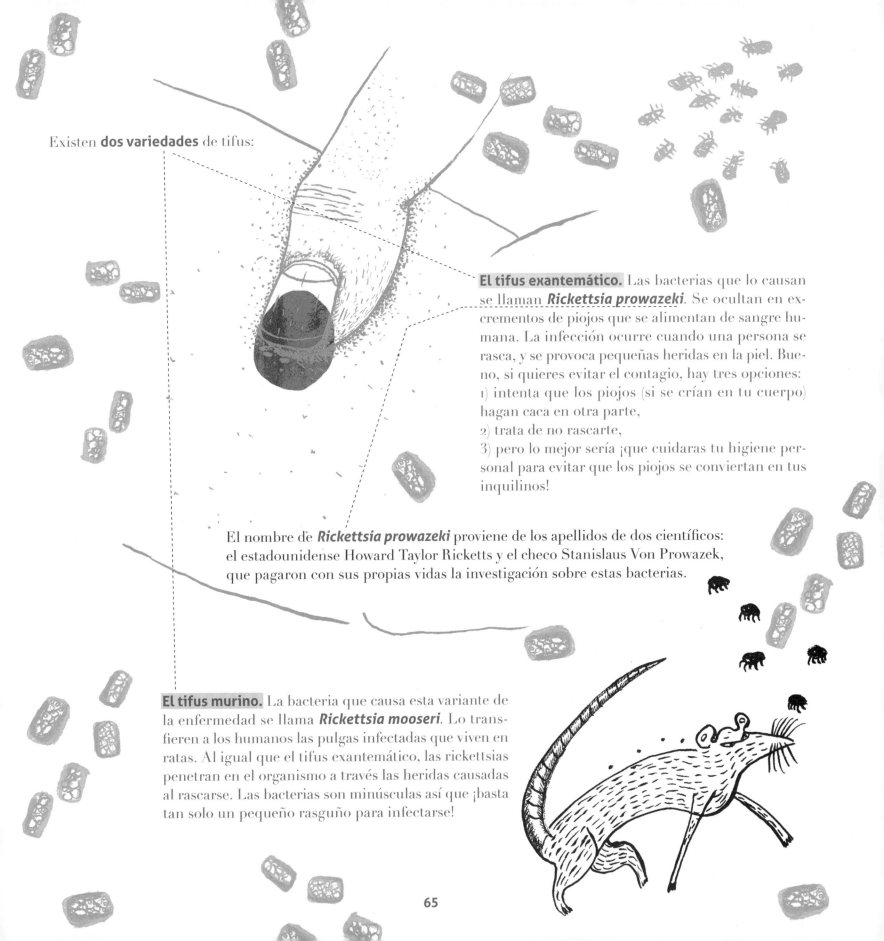

Existen **dos variedades** de tifus:

El tifus exantemático. Las bacterias que lo causan se llaman *Rickettsia prowazeki*. Se ocultan en excrementos de piojos que se alimentan de sangre humana. La infección ocurre cuando una persona se rasca, y se provoca pequeñas heridas en la piel. Bueno, si quieres evitar el contagio, hay tres opciones:
1) intenta que los piojos (si se crían en tu cuerpo) hagan caca en otra parte,
2) trata de no rascarte,
3) pero lo mejor sería ¡que cuidaras tu higiene personal para evitar que los piojos se conviertan en tus inquilinos!

El nombre de *Rickettsia prowazeki* proviene de los apellidos de dos científicos: el estadounidense Howard Taylor Ricketts y el checo Stanislaus Von Prowazek, que pagaron con sus propias vidas la investigación sobre estas bacterias.

El tifus murino. La bacteria que causa esta variante de la enfermedad se llama *Rickettsia mooseri*. Lo transfieren a los humanos las pulgas infectadas que viven en ratas. Al igual que el tifus exantemático, las rickettsias penetran en el organismo a través las heridas causadas al rascarse. Las bacterias son minúsculas así que ¡basta tan solo un pequeño rasguño para infectarse!

65

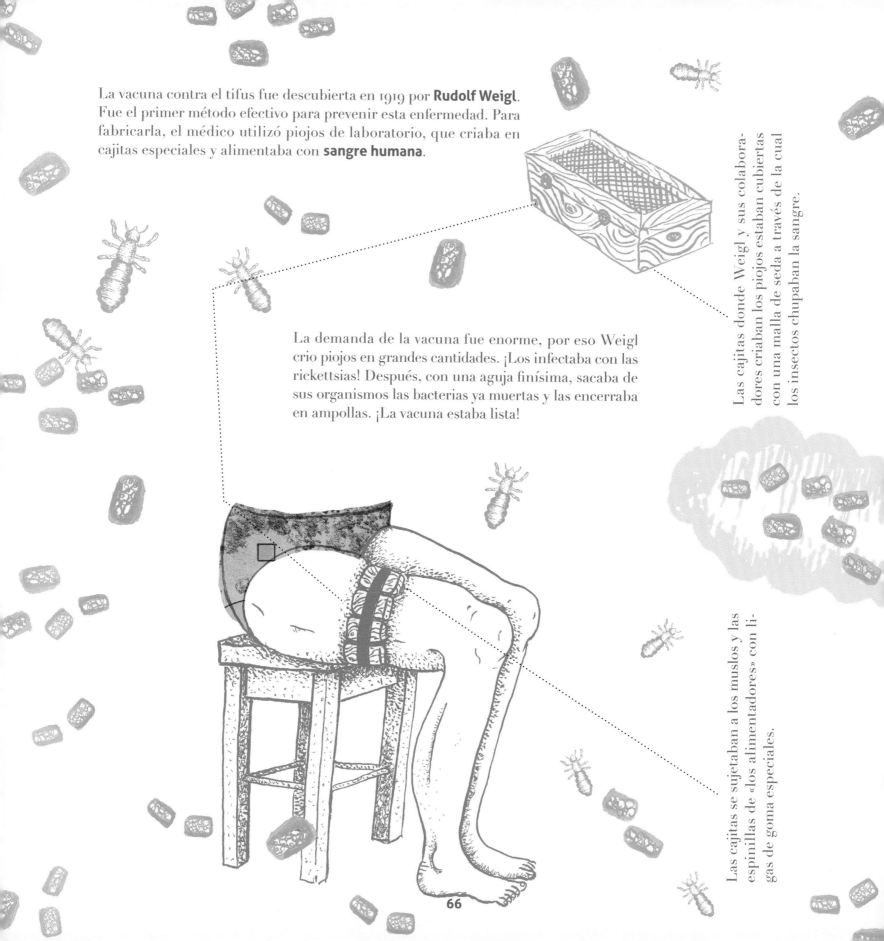

La vacuna contra el tifus fue descubierta en 1919 por **Rudolf Weigl**. Fue el primer método efectivo para prevenir esta enfermedad. Para fabricarla, el médico utilizó piojos de laboratorio, que criaba en cajitas especiales y alimentaba con **sangre humana**.

La demanda de la vacuna fue enorme, por eso Weigl crio piojos en grandes cantidades. ¡Los infectaba con las rickettsias! Después, con una aguja finísima, sacaba de sus organismos las bacterias ya muertas y las encerraba en ampollas. ¡La vacuna estaba lista!

Las cajitas donde Weigl y sus colaboradores criaban los piojos estaban cubiertas con una malla de seda a través de la cual los insectos chupaban la sangre.

Las cajitas se sujetaban a los muslos y las espinillas de «los alimentadores» con ligas de goma especiales.

La palabra **typhos** proviene del griego y significa «vapor», «aturdimiento», «fiebre».

¿Se puede tomar afecto a los piojos? Todo depende de las circunstancias. Algunas personas les deben la vida. Los alimentaron con su propia sangre a cambio de ser salvadas. Rudolf Weigl trabajó y vivió en Leópolis, que ahora pertenece a Ucrania. Cuando estalló la Segunda Guerra Mundial, la ciudad fue sometida a la ocupación soviética y más tarde a la ocupación nazi. El médico acordó proporcionar vacunas contra el tifus a los alemanes a cambio de poder elegir a su personal de investigación, incluidos **«los alimentadores»** de piojos, indispensables en el proceso de la producción del preparado. Muchas personas prominentes de la ciencia y la cultura se convirtieron en alimentadores de estos chupasangres, y evitaron así la represión nazi. Los piojos del Instituto Weigl les consiguieron una cédula que protegió a todas estas personas de ser transportadas a campos de exterminio. Weigl también ayudó a sus compatriotas proporcionando la vacuna en secreto a los guerrilleros que luchaban contra el ejército alemán.

Me llamo **Anna Frank.** Durante la Segunda Guerra Mundial me escondí en el ático de una casa en Ámsterdam junto con mis padres y mi hermana. Fuimos perseguidos solo por ser judíos. Fue un tiempo lleno de espanto y zozobra, y escribir un diario me ayudó a sobrellevar los largos días que pasé en el escondite. Por desgracia, terminé en un campo de concentración y morí de tifus a la edad de 15 años. Después de la guerra, mi padre, Otto Frank, publicó mi diario.

Hoy en día, se puede combatir el tifus muy eficazmente con la ayuda de antibióticos.

El tifus cambió el destino de más de una guerra, porque apreció especialmente la compañía de los soldados. Los piojos campaban a sus anchas en los suaves y cálidos uniformes militares, propagando las enfermedades. El tifus contribuyó, entre otros, a la derrota de Napoleón en Rusia. Las picaduras de los piojos infectados causaban tantas bajas entre los soldados como las balas.

Los guetos eran unas áreas de la ciudad separadas y rodeadas de muros donde se recluía a la población judía.

Durante la Segunda Guerra Mundial, **Irena Sendler** salvó a más de 2000 niños de ascendencia judía. Entraba en el **gueto de Varsovia** vestida de enfermera. Una de sus muchas maneras inteligentes de sacar a los niños de allí era adormecerlos y esconderlos en sacos como si fueran víctimas del tifus.

TUBERCULOSIS

mycobacterium tuberculosis

La humanidad conoce la tuberculosis desde hace mucho tiempo. Gracias a las excavaciones arqueológicas, podemos afirmar que la gente la padecía ya hace 8000 años. Aunque solía causar muchas molestias, no fue hasta el siglo xix cuando estalló como epidemia y se convirtió en un problema mundial. En California, por su culpa, se prohibió la cría de los gerbillos. ¿Te preguntarás qué tienen que ver con la tuberculosis? Bueno, se trata de una zoonosis, es decir, una enfermedad que se transmite de otros mamíferos a los humanos.

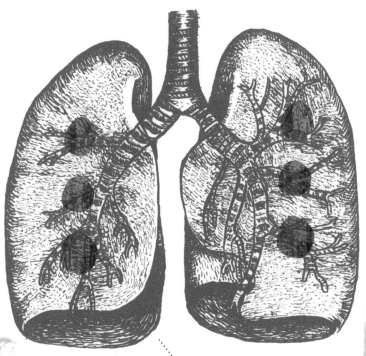

La tuberculosis es una enfermedad infecciosa bacteriana. Es peligrosa porque afecta generalmente a los pulmones, pero puede propagarse a otros órganos.

De esos **nódulos** proviene el nombre de la *tuberculosis*, derivado de la palabra latina *tuberculum* que significa una pequeña protuberancia o tumor.

En el cuerpo del infectado se forman numerosos **granulomas**, llamados **nódulos**, que destruyen la estructura de los tejidos y dejan espacios vacíos llamados cavidades, es decir, agujeros, en los órganos afectados.

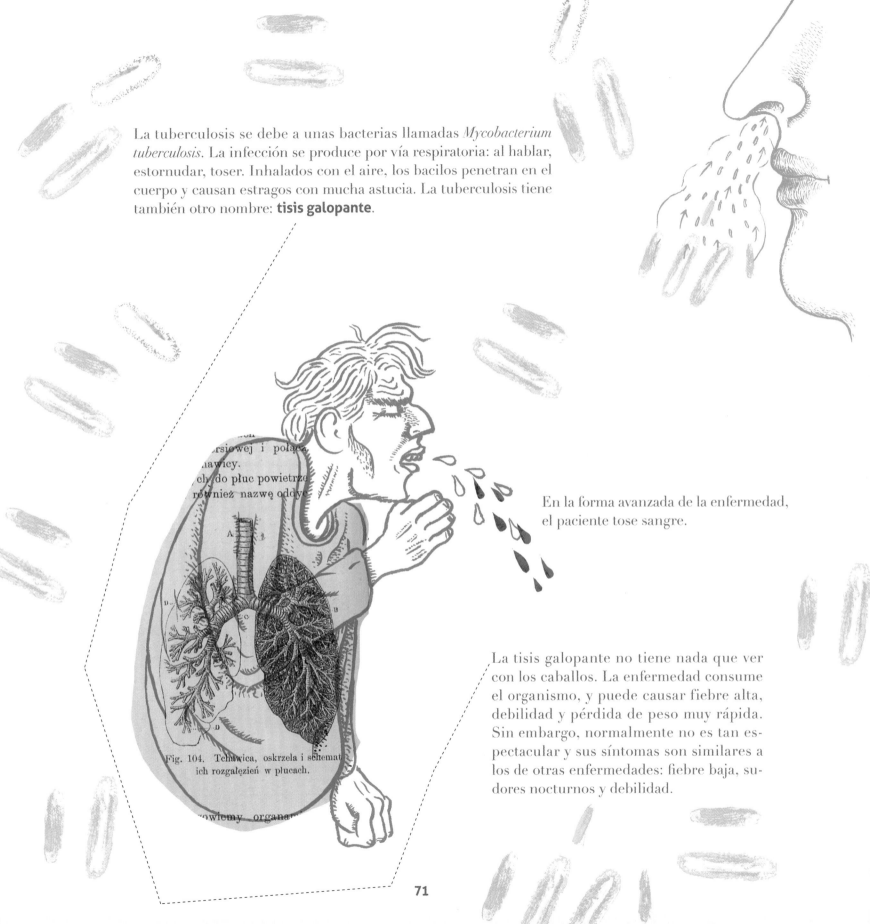

La tuberculosis se debe a unas bacterias llamadas *Mycobacterium tuberculosis*. La infección se produce por vía respiratoria: al hablar, estornudar, toser. Inhalados con el aire, los bacilos penetran en el cuerpo y causan estragos con mucha astucia. La tuberculosis tiene también otro nombre: **tisis galopante**.

En la forma avanzada de la enfermedad, el paciente tose sangre.

La tisis galopante no tiene nada que ver con los caballos. La enfermedad consume el organismo, y puede causar fiebre alta, debilidad y pérdida de peso muy rápida. Sin embargo, normalmente no es tan espectacular y sus síntomas son similares a los de otras enfermedades: fiebre baja, sudores nocturnos y debilidad.

Fig. 104. Tchawica, oskrzela i schemat ich rozgałęzień w płucach.

Hasta el siglo xv, se creía que la tuberculosis de los ganglios linfáticos, llamados **escrófulos**, podía curarse gracias a la imposición de manos benévola y curativa del rey, el ungido de Dios. Los monarcas lo hacían de buena gana, aunque nada prueba su efectividad. Además de la imposición de manos, los pacientes recibían una limosna, así que no faltaban voluntarios.

En el siglo xix, muchos artistas padecían tuberculosis, y la enfermedad comenzó a tener un aura de romanticismo. Las chicas jóvenes querían parecerse a los tísicos: se empolvaban la cara para lucir pálidas y se pintaban las mejillas de rosa como si ardiesen de fiebre. Con este maquillaje, querían mostrar su sensibilidad y darse un aire artístico. ¡Qué moda más rara! Aunque, bueno, cada época tiene sus peculiaridades.

Soy **Frédéric Chopin**, músico y compositor. ¡A los ocho años ya daba conciertos de piano! Sin embargo, esos años alegres pasaron rápido y mi propia tos se convirtió en la sintonía que me persiguió el resto de la vida. Morí de tuberculosis y, aunque no es el mejor consuelo, ¡los melómanos me aprecian aún hoy en día!

René Laënnec fue el primero en auscultar los pulmones al examinar a los pacientes con tisis. Para hacerlo bien, inventó un instrumento que los médicos usan hasta la actualidad: **el estetoscopio**. El del siglo xix era un poco diferente al actual, pero cumplía perfectamente su función. Por ironía del destino, su inventor murió de… tuberculosis.

Si quieres aprender un poco más sobre los sanatorios y su particular ambiente, puedes leer la novela *La montaña mágica*, de Thomas Mann. Su protagonista pasa todo el tiempo en un sanatorio ubicado en la ladera de la Montaña Mágica, en la localidad alpina de Davos. Llega allí de visita, pero se queda durante... siete años (y durante los dos volúmenes originales de la novela).

A principios del siglo xx, la estancia en sanatorios era una recomendación muy habitual en el tratamiento de la tuberculosis. Se creía que el aire fresco era una buena cura. Los baños de sol se practicaban a veces a temperaturas bajo cero. A los pacientes les castañeteaban los dientes y se les ponía la piel de gallina, pero no había otro remedio: hasta que no se encontraron medicamentos, fue necesario someterse a este **tratamiento glacial**. Hoy día, a los bebes recién nacidos se los vacuna contra la tuberculosis, que aunque no brinda una protección del 100% contra la infección, previene las formas graves de la enfermedad.

Soy médico y en 1882 descubrí que la tuberculosis es obra de **bacilos** que atacan a los pulmones. ¡Los enfermos deben aislarse para que el contagio no se propague!

Creo que la tuberculosis es una cuestión mental. ¡Soy psicoanalista y os aseguro que es una cuestión de psique!

Robert Koch

Carl Gustav Jung

¡cof, cof, cof!

En la Edad Media, la gente buscaba explicaciones extrañas a los brotes de ciertas enfermedades. En Hungría, por ejemplo, cuando aún no se sabía mucho sobre esta enfermedad, se pensaba que la tos tísica la provocaba **un demonio**, que para atormentar al cuerpo humano emitía sonidos parecidos a los ladridos de un perro.

HALT!*

¡ALTO, ESPÍA PALOMERO!

Los investigadores han buscado una vacuna contra la tuberculosis durante largo tiempo experimentando con animales, porque el ganado y las aves también padecen la enfermedad. Uno de ellos fue el bacteriólogo francés **Albert Calmette**, quien, a pesar de las perturbaciones de la Primera Guerra Mundial, no detuvo su investigación. Incluso cuando las tropas alemanas entraron en Lille, donde trabajaba, y requisaron todas las vacas de la zona para sus necesidades, Calmette no se desesperó y reunió una gran cantidad de palomas que necesitaba para desarrollar la fórmula de la vacuna. Esto alarmó a los ocupantes alemanes, y consideraron a Albert **un espía** sospechoso de transmitir mensajes secretos con la ayuda de estas aves. Por suerte, todo se aclaró antes de llegar a fusilar al bacteriólogo por el supuesto «delito». Un poco más tarde, y junto con otro científico, Calmette desarrolló una vacuna eficaz contra la tuberculosis.

¡LARGUÉMONOS DE AQUÍ! ¡ESTA LECHE ESTÁ DEMASIADO CALIENTE PARA VIVIR EN ELLA!

¡además en la superficie se forma nata!

Se dice que la leche es saludable, pero nadie piensa que al beberla uno puede infectarse de tuberculosis. Sin embargo, no es tan fácil, hay que cumplir dos condiciones: 1. encontrar una vaca infectada, y 2. beber su leche cruda, sin hervir, porque los bacilos mueren a altas temperaturas. Los productores de leche no quieren contagiar a sus clientes, por eso en las tiendas podemos comprar, por lo general, leche **pasteurizada** o UHT, pero no cruda.

La pasteurización es una forma de eliminación de los microbios y preservación de los productos alimenticios. Consiste en calentarlos a una temperatura entre $72\,°$ C y $100\,°$ C. La eficacia de este proceso fue descubierta por **Louis Pasteur** y de ahí su nombre.

El neumólogo es el especialista en enfermedades respiratorias.

La tuberculosis es una enfermedad común en todo el mundo, conocida desde tiempos neolíticos. En cada época se usaban remedios distintos. Los antiguos hindúes aconsejaban permanecer al aire libre, hacer ejercicio y dormir con cabras. Los médicos árabes Al-Razi y Avicena recomendaban baños en leche de burra y comer cangrejos triturados. mientras que **Galeno de Pérgamo**, un antiguo médico romano, sugirió estancias en balnearios. Un **neumólogo** de hoy, al escuchar estos consejos, se llevaría las manos a la cabeza y recetaría a su paciente un tratamiento con **estreptomicina**, un antibiótico.

Algunas personas tienen talento para ganar fácilmente mucho dinero. En los tiempos en que los refrescos de cola eran una rareza y, con la llegada de verano, las reservas de naranjada desaparecían pronto de las tiendas, vender agua con gas era un buen negocio. Bastaba conectar una manguera a una boca de riego y tener un carrito con un saturador de gas que producía las burbujas. Tenían mucha demanda y todos los clientes usaban el mismo vaso. El recipiente, enjuagado superficialmente por el vendedor, pasaba de boca en boca, de modo que los clientes sedientos compartían también una gran cantidad de bacterias. Por tanto, satisfacer la sed con esta bebida carbonatada representaba un riesgo considerable. Mediante el pago de un extra, había también disponible la versión con zumo.

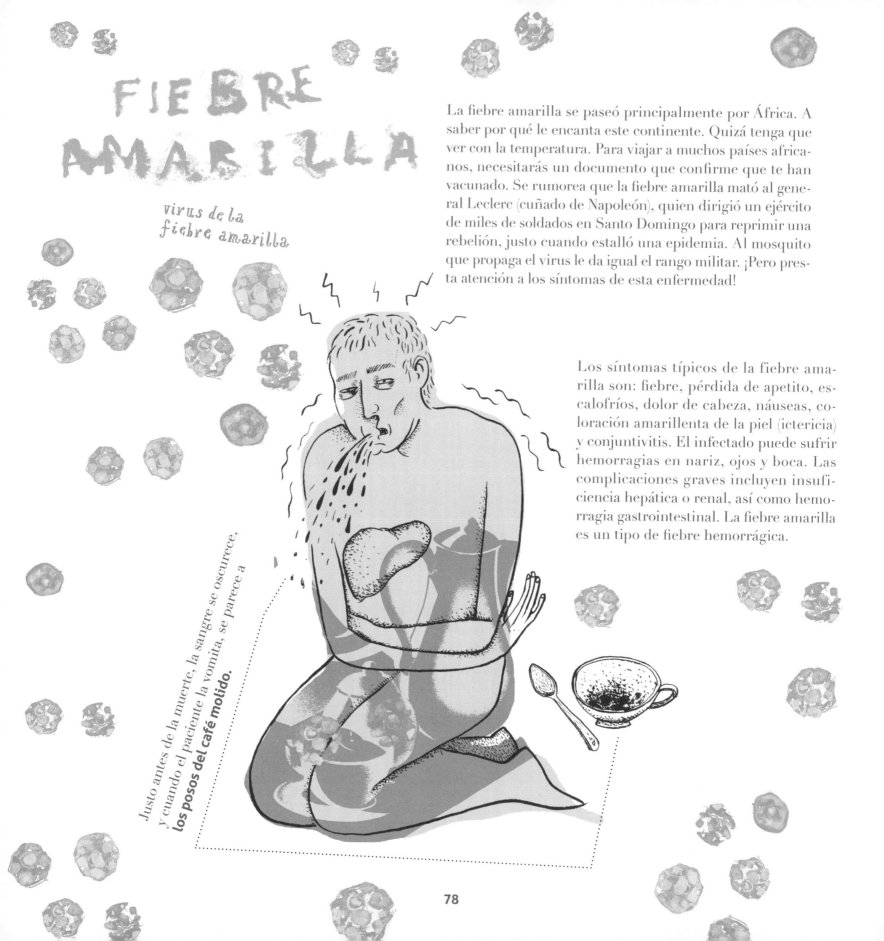

FIEBRE AMARILLA

virus de la
fiebre amarilla

La fiebre amarilla se paseó principalmente por África. A saber por qué le encanta este continente. Quizá tenga que ver con la temperatura. Para viajar a muchos países africanos, necesitarás un documento que confirme que te han vacunado. Se rumorea que la fiebre amarilla mató al general Leclerc (cuñado de Napoleón), quien dirigió un ejército de miles de soldados en Santo Domingo para reprimir una rebelión, justo cuando estalló una epidemia. Al mosquito que propaga el virus le da igual el rango militar. ¡Pero presta atención a los síntomas de esta enfermedad!

Los síntomas típicos de la fiebre amarilla son: fiebre, pérdida de apetito, escalofríos, dolor de cabeza, náuseas, coloración amarillenta de la piel (ictericia) y conjuntivitis. El infectado puede sufrir hemorragias en nariz, ojos y boca. Las complicaciones graves incluyen insuficiencia hepática o renal, así como hemorragia gastrointestinal. La fiebre amarilla es un tipo de fiebre hemorrágica.

Justo antes de la muerte, la sangre se oscurece, y cuando el paciente la vomita, se parece a **los posos del café molido.**

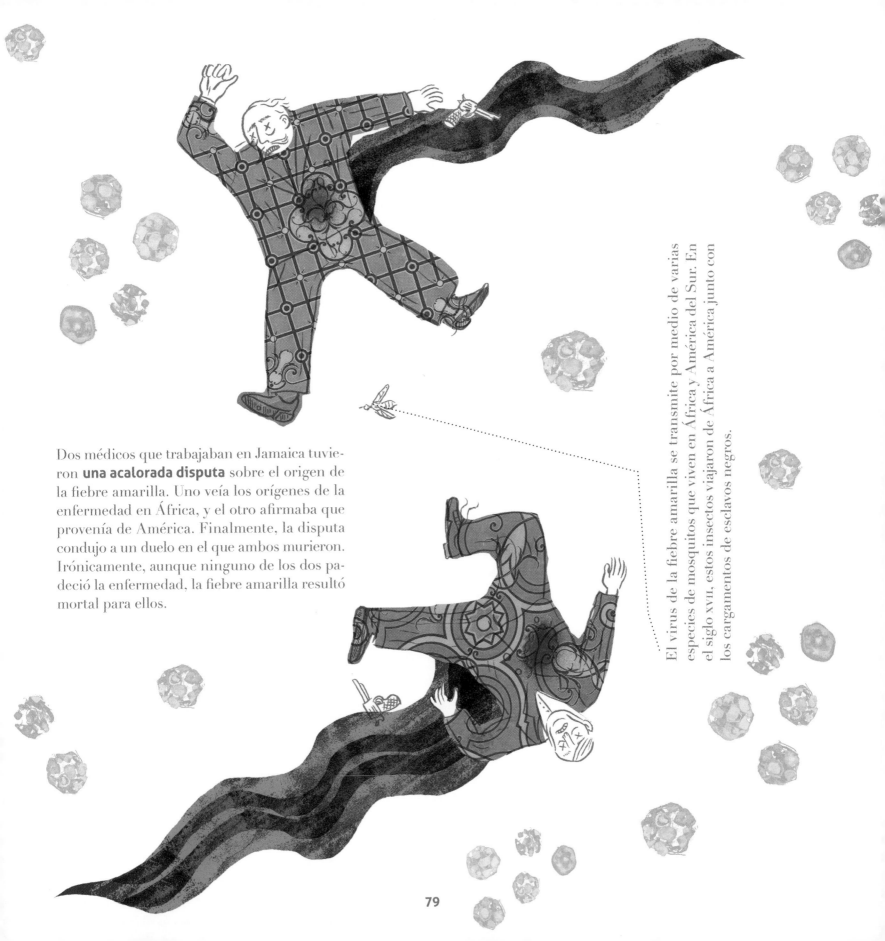

Dos médicos que trabajaban en Jamaica tuvieron **una acalorada disputa** sobre el origen de la fiebre amarilla. Uno veía los orígenes de la enfermedad en África, y el otro afirmaba que provenía de América. Finalmente, la disputa condujo a un duelo en el que ambos murieron. Irónicamente, aunque ninguno de los dos padeció la enfermedad, la fiebre amarilla resultó mortal para ellos.

El virus de la fiebre amarilla se transmite por medio de varias especies de mosquitos que viven en África y América del Sur. En el siglo XVII, estos insectos viajaron de África a América junto con los cargamentos de esclavos negros.

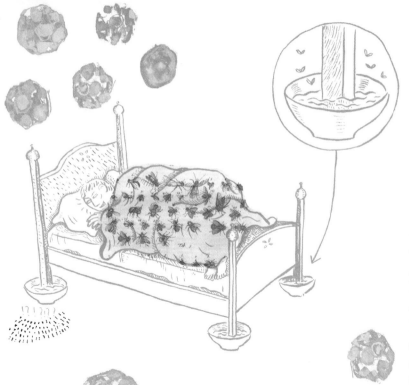

El Canal de Panamá es una vía de navegación artificial ubicada en América Central. Conecta el océano Atlántico con el Pacífico. Una empresa francesa inició su construcción a finales del siglo XIX. Los trabajadores temían a las peligrosas hormigas que abundan en ese clima. Para protegerse de ellas, metían las patas de sus camas en agua, y como las hormigas no pueden nadar, los extranjeros pensaron que podían dormir tan tranquilos. Paradójicamente, su astucia les trajo la muerte porque las larvas de los mosquitos (incluidos los que propagan la fiebre amarilla) se reproducen en ambientes acuáticos, incluso tan pequeños como un cuenco. Así que los insectos se reprodujeron muy rápidamente en tales condiciones favorables, y comenzaron a propagar la epidemia. Ingenieros y trabajadores cayeron como moscas. La empresa constructora francesa se declaró en quiebra y los estadounidenses completaron el trabajo. Lo primero que hicieron al llegar estos últimos fue drenar la zona para reducir la población de mosquitos.

Mi nombre no te sonará de nada, pero me presento igualmente: soy **Alexander Selkirk**, un marinero escocés. Mi estancia en una isla desierta inspiró al escritor inglés Daniel Defoe para escribir *La vida y sorprendentes aventuras de Robinson Crusoe, marinero de York*. Después de regresar de la isla todavía me quedaban ganas de más aventuras. ¡La última terminó con la fiebre amarilla que contraje en África!

Los ingleses suelen llamar **Yellow Jack** a la fiebre amarilla porque en el pasado los pacientes de un hospital de Greenwich que padecían esta enfermedad llevaban chaquetas marcadas con unos parches amarillos.

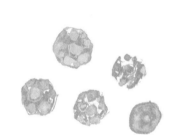

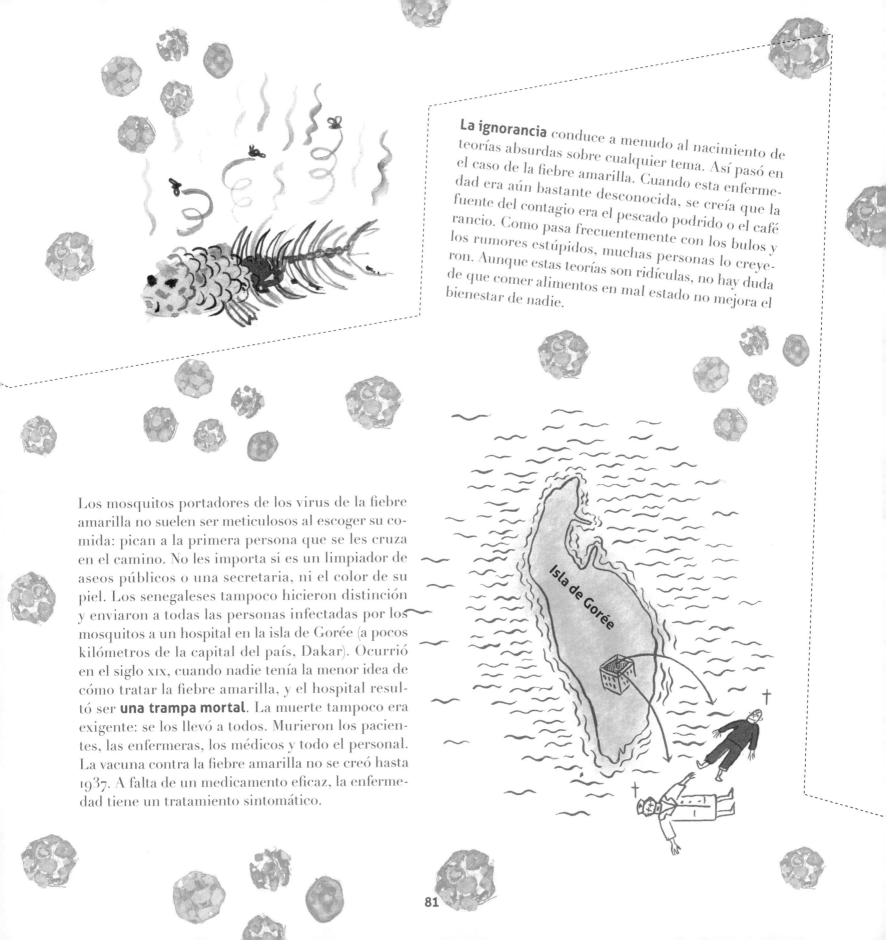

La ignorancia conduce a menudo al nacimiento de teorías absurdas sobre cualquier tema. Así pasó en el caso de la fiebre amarilla. Cuando esta enfermedad era aún bastante desconocida, se creía que la fuente del contagio era el pescado podrido o el café rancio. Como pasa frecuentemente con los bulos y los rumores estúpidos, muchas personas lo creyeron. Aunque estas teorías son ridículas, no hay duda de que comer alimentos en mal estado no mejora el bienestar de nadie.

Los mosquitos portadores de los virus de la fiebre amarilla no suelen ser meticulosos al escoger su comida: pican a la primera persona que se les cruza en el camino. No les importa si es un limpiador de aseos públicos o una secretaria, ni el color de su piel. Los senegaleses tampoco hicieron distinción y enviaron a todas las personas infectadas por los mosquitos a un hospital en la isla de Gorée (a pocos kilómetros de la capital del país, Dakar). Ocurrió en el siglo XIX, cuando nadie tenía la menor idea de cómo tratar la fiebre amarilla, y el hospital resultó ser **una trampa mortal**. La muerte tampoco era exigente: se los llevó a todos. Murieron los pacientes, las enfermeras, los médicos y todo el personal. La vacuna contra la fiebre amarilla no se creó hasta 1937. A falta de un medicamento eficaz, la enfermedad tiene un tratamiento sintomático.

Isla de Gorée

Se pueden falsificar obras de arte, dinero, pero ¿habías oído hablar de la falsificación de los certificados de vacunación contra la fiebre amarilla? Este documento es necesario para poder viajar libremente por el África subsahariana. Sin presentar la libreta con las vacunas en orden, no se pueden cruzar las fronteras. Muchas personas de esa región migran a países vecinos en busca de mejores condiciones de vida. Ahorran cada céntimo, pero la vacuna contra la fiebre amarilla es bastante cara. Resulta mucho más barato comprar **documentos falsos**, que no protegen contra la fiebre amarilla, solamente contra la pobreza.

A principios del siglo xx, cuando aún no existía la vacuna contra la fiebre amarilla, el temor a la enfermedad era enorme. Pero, como dice el dicho, «La necesidad es la madre de la invención» y para los habitantes de La Habana, el invento también encontró a su padre. Fue **William C. Gorgas**, un médico del ejército estadounidense, quien decidió abordar el peligro de **una manera inusual**. A pesar del escepticismo de muchas personas, Gorgas opinaba que los mosquitos eran los culpables de la infección, así que decidió simplemente reducir su población. A los intrusos alados les gustan más los humedales que el clima seco, por lo que la forma más fácil de deshacerse de ellos fue drenar los terrenos húmedos. Por supuesto, no se utilizaron secadores de pelo, como muestra la ilustración de al lado. Gorgas hizo verter aceite en el agua estancada y excavar zanjas de drenaje. El sagaz médico utilizó también este método durante la construcción del **Canal de Panamá**.

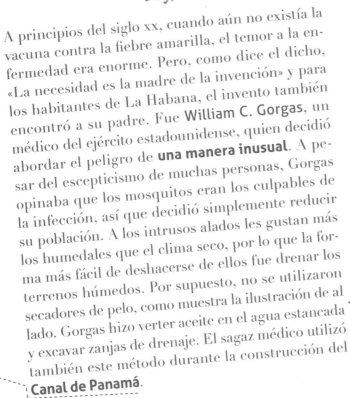

Los brotes de fiebre amarilla disfrutaban de los viajes por mar, especialmente en el siglo XVIII. Cuando una epidemia lograba subir a bordo de un barco, era capaz de matar a toda su tripulación. **Los buques fantasma**, tan populares gracias a los libros y las películas, en realidad no estaban poseídos por fantasmas, sino por el virus de la fiebre amarilla. Tras la muerte de todos los marineros, los barcos navegaban sin rumbo por el océano. Sembraban el pánico en muchos puertos e incluso la gente más valiente temblaba al avistar los navíos sin tripulación acercándose.

La fiebre amarilla todavía tiene secretos por descubrir. El mosquito *Aedes aegypti* colabora con la enfermedad de buen grado en África y América del Sur, donde provoca infecciones masivas. El insecto se encuentra la mar de a gusto en el clima húmedo y tropical de aquellas regiones, al igual que en Asia, pero los mosquitos asiáticos no son tan aficionados a la cooperación con la protagonista de este capítulo. ¿Por qué la fiebre amarilla no se manifiesta en Asia? Quizá puedas investigarlo y resolver este secreto tú mismo.

POLIO

virus de la poliomielitis

¿Polio, poliomielitis, enfermedad de Heine-Medin o parálisis infantil? Esta dolencia se conoce por varios nombres.

Las referencias más antiguas sobre la poliomielitis provienen del antiguo Egipto, pero no fue hasta finales del siglo XIX cuando la enfermedad atacó a gran escala. A principios del siglo XX, la pandemia se extendió por todo el mundo. El virus de la polio es uno de los más pequeños que existen, pero puede causar daños enormes. A decir verdad, ha contribuido al desarrollo de las subastas caritativas, pero no por ser una criatura solidaria.

Jakob Heine fue un ortopedista alemán. En el siglo XIX describió la poliomielitis.
Karl Oskar Medin fue un pediatra sueco que estudió la parálisis infantil.

La boca es la puerta por la que los virus de la poliomielitis entran en el cuerpo humano. Tras penetrar en el organismo, se reproducen en las mucosas de la garganta y en el intestino delgado. Son expulsados en las heces, por eso una persona contagiada puede transmitir el virus. Las manos sucias o los objetos contaminados con heces que contienen estos microbios extremadamente pequeños pero peligrosos, pueden representar una amenaza epidémica.

Los periodistas protestaron contra el nombre completo de la poliomielitis porque en su opinión sonaba extraño y demasiado largo. Propusieron su forma abreviada de «**polio**», que ha sido aceptada y ahora se usa comúnmente.

La enfermedad de Heine-Medin puede ser asintomática.

Distinguimos dos tipos de polio: **abortiva** y **pre-paralítica**.

La forma abortiva es leve y de corta duración.

Sus síntomas incluyen: fiebre, dolor de cabeza, dolor de garganta, náuseas y vómitos. El cuerpo combate el virus en un plazo de entre uno y diez días.

En el caso de **la polio pre-paralítica**, el virus penetra en la médula espinal, donde destruye las células nerviosas. A consecuencia, varias partes del cuerpo quedan paralizadas porque se rompe la comunicación entre la célula nerviosa y el músculo. Esto significa que el enfermo pierde la movilidad.

La poliomielitis se caracteriza por la parálisis **asimétrica**, es decir, que solo afectan a un lado del cuerpo.

La parálisis ataca principalmente a las partes inferiores del cuerpo. La movilidad se ve muy comprometida, a veces incluso es nula. Después de un tiempo, las partes inertes del cuerpo del enfermo se deforman y los músculos se atrofian. En casos muy severos, los músculos responsables de la respiración pueden paralizarse.

A veces el organismo supera la enfermedad y el infectado se recupera. Cuando todo parece estar bien, los síntomas de la polio regresan después de muchos años. Esta condición se llama **el síndrome post-polio**.

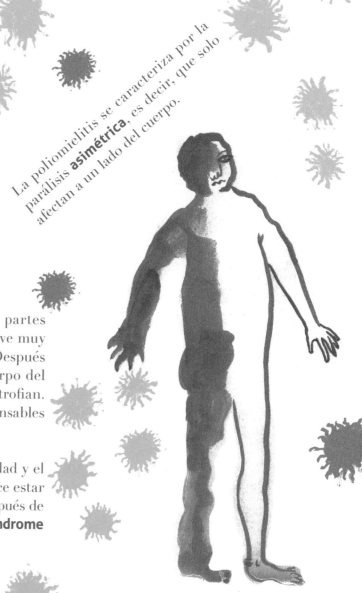

La vacuna desarrollada por **Albert Sabin** se administra en forma de bebida.

La vacuna inventada por **Hilary Koprowski** se administra oralmente.

La vacuna desarrollada por **Jonas Salk** es una inyección.

Los brotes de poliomielitis se dieron varias veces en Estados Unidos, donde crearon gran alarma. El virus se burlaba de los esfuerzos de los científicos que intentaban crear una vacuna. La investigación quedó estancada durante décadas. En los años 50 del siglo pasado, tres valientes unieron fuerzas en la batalla contra el virus y tras triunfar sobre la polio se convirtieron en héroes nacionales. Eran Hilary Koprowski, Albert Sabin y Jonas Salk. Koprowski y Sabin realizaron experimentos con virus debilitados, inofensivos para los humanos, pero que aún podían reproducirse. Salk eligió trabajar con los virus «muertos», inactivos e incapaces de reproducirse que, sin embargo, debían activar el fun-

cionamiento del sistema inmunitario. Había mucha presión para desarrollar una vacuna eficaz lo antes posible, pero los científicos necesitaban actuar con cautela, porque cualquier intento fallido podría terminar en tragedia. Koprowski logró elaborar la vacuna primero y la ensayó en secreto en un pequeño grupo de niños discapacitados. La prueba fue considerada como no válida y la vacuna no se admitió para el uso común. El ganador de esta carrera resultó ser Jonas Salk. Su vacuna se usó ampliamente en Estados Unidos. Sabin realizó sus pruebas en la URSS, donde vacunó a millones de personas. Hoy en día se emplean las vacunas de Salk y Sabin.

¡Nuestro padre vive en una cápsula cósmica!

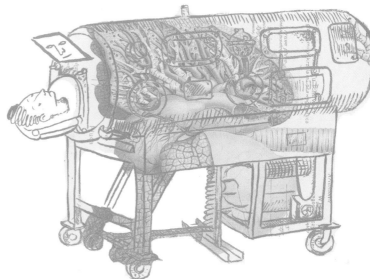

El millonario **Frederick Snite** enfermó de poliomielitis mientras viajaba por el mundo. Se contagió del virus en Pekín. En casos muy severos, los músculos responsables de la respiración se paralizan, justo lo que le ocurrió a Snite. Su única salvación en 1937 fue el **pulmón de acero**. El joven tuvo muchísima suerte porque una de las pocas máquinas existentes se hallaba en Pekín. A pesar de su mal estado de salud, Frederick decidió regresar a Chicago. Fue una tarea muy compleja transportar al paciente en un dispositivo tan grande y pesado. Durante el trayecto lo cuidaron 25 personas. Tal vez penséis que una persona encerrada en una caja de hierro se aísla de la vida pública. Nada más lejos de la realidad: Snite se convirtió en una celebridad, los periodistas le pedían entrevistas, se casó con una mujer hermosa y ¡tuvieron tres hijas!

Aunque el nombre de **pulmón de acero** se pueda asociar erróneamente con una pieza robótica, en realidad es un dispositivo médico que apoya o sustituye la respiración de la persona. Su funcionamiento consiste en crear hipotensión y forzar así al paciente a respirar.

Se cree que la gente enfermaba de polio ya en el antiguo Egipto. Lo demuestran las pinturas y esculturas que representan a personas con extremidades deformadas apoyadas en un bastón.

* ¡Oh, no! Dibujé mal las proporciones.

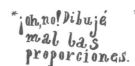

** No te preocupes. Dentro de 100 años pensarán que retrataste a un enfermo de polio.

La Fundación Nacional de la Parálisis Infantil es una organización que revolucionó la forma de recaudar dinero para las instituciones benéficas. El presidente de Estados Unidos, **Franklin Delano Roosevelt**, que también padecía polio, se convirtió en su símbolo. La fundación fue la primera en aplicar las últimas técnicas de publicidad y relaciones públicas con el objetivo de eliminar la poliomielitis mediante el apoyo a investigación de vacunas. Además, se ocupó de las víctimas de la polio, proporcionó equipos ortopédicos a los enfermos y pagó su tratamiento. Para recaudar dinero, organizaba varios eventos: bailes combinados con colecta de fondos el día del cumpleaños del presidente, así como desfiles de moda con la participación de estrellas de la gran pantalla. Los cines proyectaban un cortometraje sobre la polio y la gente podía dejar dinero en un cepillo al salir del cine. El día del cumpleaños de Roosevelt, millones de personas enviaban a la Casa Blanca sobres con monedas de 10 centavos que se convirtieron en un símbolo de la lucha contra la poliomielitis. La acción se llamó **«la marcha de los diez centavos»**. Entre los años 1951 y 1955, la fundación recaudó alrededor de 250 millones de dólares.

En Estados Unidos las vacunas contra la polio se probaron en varias especies de monos. Una de ellas fue el macaco Rhesus, cuyos ejemplares se llevaron desde la India en avión. En la religión hinduista, los monos se consideran animales sagrados, así que el gobierno indio exigió que se les tratara bien. Por eso (y porque los monos estaban exhaustos después de tan largo viaje y necesitaban recuperarse para la investigación) la fundación creó una granja especial donde los monos estaban al cuidado de veterinarios. El gobierno indio quedó complacido, y así permitió la experimentación con los macacos.

Morí de polio a la edad de 91 años, pero esto no tiene importancia. Mi vida estuvo llena de muchos momentos maravillosos. Me fascinó explorar el fondo de los mares e investigar los secretos del espacio. Para estudiar el mundo submarino, me mudé a Sri Lanka, donde pude bucear libremente. No tuve la oportunidad de viajar en el espacio, así que comencé a escribir libros sobre el tema. Una de mis novelas, titulada *2001: Una odisea espacial*, fue adaptada al cine por el talentoso director Stanley Kubrick. ¡Casi me olvido! Me llamo **Arthur C. Clarke**.

Osama bin Laden fue el líder de la organización terrorista internacional Al-Qaeda, que llevó a cabo varios ataques. El más famoso fue el ataque del 11 de septiembre de 2001 contra las torres gemelas del World Trade Center en Nueva York.

El doctor **Shakil Afridi** ayudó a la CIA a encontrar al líder de Al-Qaeda con esta trampa: en un lugar de Pakistán donde se sospechaba que Osama bin Laden tenía su escondite, el médico organizó **una falsa campaña** de vacunación contra la polio. Con el pretexto de la vacuna, logró extraer sangre de muchos niños para realizar pruebas genéticas y determinar cuáles de ellos eran descendientes de Osama. Por desgracia, esto perjudicó a las siguientes vacunaciones reales en Pakistán, porque más tarde un talibán que se hacía llamar «Mullah FM» animó por la radio a sus fieles al boicot de todas las campañas de vacunación. Su llamamiento surtió un efecto rápido: en 2012, hubo una serie de ataques de campesinos paquistaníes contra sanitarios que vacunaban a niños. Se difundieron por la radio bulos según los cuales el propósito de los médicos era esterilizar a los niños musulmanes. Esto frustró en gran medida los planes de la Organización Mundial de la Salud para erradicar por completo el virus de la poliomielitis. El objetivo estaba muy cerca, porque el virus solo está presente en unos pocos países: Afganistán, Pakistán y Nigeria.

SÍFILIS

espiroqueta pálida

La sífilis ha hostigado a los humanos desde la antigüedad hasta que comenzó el tratamiento con antibióticos. Mientras tanto, se inventaron una gran cantidad de remedios curativos tan extraños como espantosos. La enfermedad apareció en Europa probablemente en el siglo xv, aunque hay quien dice que había llegado al continente antes. Como gran epidemia, acompañó al ejército de **Carlos VIII** en la batalla de Nápoles. A veces llamada el **morbo gálico**, es una enfermedad **venérea** causada por una bacteria llamada espiroqueta pálida. Tras invadir el cuerpo, las espiroquetas pálidas se multiplican muy rápido y se dispersan a través de los ganglios linfáticos y la sangre por todo el organismo. Es una enfermedad bastante astuta, porque sus primeros síntomas pasan desapercibidios. Mira cómo transcurre.

La sífilis tiene cuatro etapas:

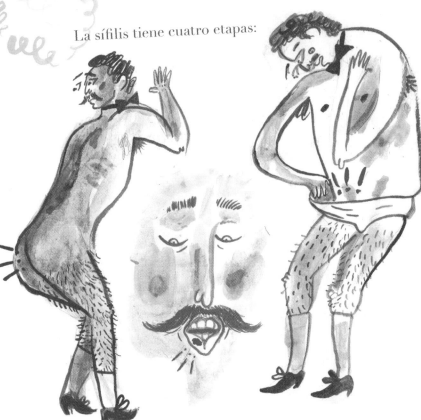

La sífilis secundaria. Después de 3-6 semanas desde la aparición del chancro, brotan unas erupciones cutáneas indoloras en forma de pápulas por todo el cuerpo. Es característico que aparezcan en las palmas de las manos y en las plantas de los pies. Otros síntomas pueden ser: fiebre, linfadenopatía, pérdida de cabello, dolor de cabeza y de garganta, meningitis. En esta etapa de la sífilis, el enfermo aún puede infectar a otras personas. Los síntomas desaparecen espontáneamente después de algunas semanas, a veces meses o incluso un año.

La sífilis primaria. Durante unas 3 semanas después del contagio, en el punto de inoculación aparece una úlcera indolora pero extremadamente contagiosa llamada «chancro». Ocurre con mayor frecuencia en los genitales, dentro de la boca o en el ano. La úlcera desaparece espontáneamente, incluso sin tratamiento, o puede ser imperceptible. Por desgracia, esto no significa que se cure, porque la sífilis no tratada sigue incubándose.

La sífilis latente. Más o menos un año después del contagio, todos los síntomas de la sífilis secundaria desaparecen. Durante este tiempo, la enfermedad se desarrolla de forma asintomática. Parece haber desaparecido por completo, pero entre el 15 y el 30% de los infectados progresa hasta la última etapa.

La sífilis terciaria. Algunos años después de la infección, las bacterias pueden reactivarse, reproducirse, extenderse por todo el cuerpo y causar cambios irreversibles. Pueden provocar cardiopatías y lesiones en sistema nervioso, cerebro, piel y huesos, así como pérdida de vista y audición. Esta etapa de la enfermedad no es contagiosa.

En principio, la sífilis solo puede contagiarse por contacto sexual con una persona infectada. Existe también la sífilis congénita, porque durante el embarazo o el parto, una madre enferma puede transferir la enfermedad a su bebé. Hoy en día, se realizan pruebas para detectar la presencia de espiroquetas pálidas en el organismo. La enfermedad, detectada en la etapa inicial, es completamente curable.

Las enfermedades de transmisión sexual, a través de las relaciones sexuales con una persona contagiada, se denominan **enfermedades venéreas**. La venereología es una rama de la medicina que se ocupa de estas dolencias. La palabra «venéreo» proviene del nombre latín *venereus*, es decir, perteneciente o relativo a la diosa del amor romana **Venus**.

En el pasado, la sífilis tenía más de un nombre, ¡casi un centenar! En el siglo XVI, se la llamó de muchas maneras: morbo gálico, mal francés o bubas, enfermedad secreta, enfermedad de la corte, viruela del amor. En cada país tenía su propio nombre: los franceses la llamaban «mal napolitano», los italianos, alemanes y polacos «morbo francés». Los holandeses hablaban de «dolencia española», los rusos de «enfermedad polaca», los turcos la denominaban «enfermedad cristiana»... Finalmente, en casi todos los idiomas europeos se adoptó el nombre de «sífilis», que proviene de la antigua palabra griega *syphlos*, que significa «sucio».

Ocurrió que **Sífilus** enfermó de... sífilis. ¡Tuvo que sufrir mucho! Pero no te preocupes, no era un personaje real, sino el protagonista de un poema titulado *Sífilis o la enfermedad francesa*, escrito en 1530 por el médico y filósofo italiano **Girolamo Fracastoro**. El pastor Sífilus fue castigado por hacer ofrendas a su rey, en lugar de a su dios. Por tal desobediencia, el dios Apolo lo castigó con úlceras de la sífilis. A causa de este desagradable suceso, su nombre pasó a la historia.

¿Pueden los personajes de una novela infectar a alguien con la sífilis? Por supuesto que no. Podemos considerar estas teorías como supersticiones o cuentos de hadas. Una joven lectora, la hermana de **Julian Green,** un escritor del siglo XX, opinaba lo contrario y tuvo tanto miedo de contraer esta enfermedad espantosa que, antes de abrir el libro *Bubú de Montparnasse*, con personajes enfermos de sífilis, se ponía guantes. No contrajo la sífilis, aunque debemos admitir que era muy prudente.

Los científicos se enfrentan a disputas constantes; presentan varias teorías, a veces contradictorias y buscan evidencias para apoyar sus argumentos. Es mucho trabajo: uno tiene que leer, verificar, demostrar, pero también descubrir y resolver rompecabezas científicos. Si algo es aún desconocido, podéis estar seguros de que los investigadores se ocuparan de verificarlo muy pronto. El origen de la sífilis en Europa es una de esas incógnitas y por supuesto, los científicos tienen diferentes teorías sobre este tema.

Algunos afirman que fue Cristóbal Colón quien la importó en sus barcos al regresar del Nuevo Mundo. Supuestamente, sus marineros se habrían contagiado de las mujeres indígenas.

¡Bienvenido, Cristóbal Colón!

Os he traído un regalito del Nuevo Mundo.

Los detractores de esta teoría mueven la cabeza con incredulidad. En algunas excavaciones arqueológicas se han encontrado huesos con deformidades características de la sífilis y estos cadáveres pertenecen a tiempos anteriores a los de Cristóbal Colón.

¡Que ya estaba aquí antes de Colón!

Sin embargo, todos están de acuerdo con que, en 1494, los soldados mercenarios del rey francés Carlos VIII, propagaron la enfermedad por Europa durante su intento de conquistar Nápoles. Fue en esta ciudad donde la sífilis brotó por primera vez a gran escala.

Durante los últimos siglos existieron principalmente **dos métodos de tratamiento** para los sifilíticos: la terapia con mercurio o las infusiones de guayaco. Sin reparar en el tratamiento elegido, la cura de la sífilis, durante aquellos tiempos, no fue especialmente agradable. Para que una infusión de guayaco tuviera poder curativo, el enfermo debía estar en ayuno treinta días y envolverse en una manta gruesa para sudar. Hoy sabemos que este método no era eficaz. El tratamiento con mercurio fue más positivo, pero con más efectos secundarios que curativos: es un metal pesado, y por tanto venenoso para los organismos vivos. En los humanos, lesiona los riñones, causa úlceras, babeo, pérdida de dientes, y puede ser mortal. A pesar de sus terribles efectos secundarios, ¡el mercurio se ha utilizado como medicamento durante casi 400 años! Solo cambiaron los modos de su administración, como por ejemplo: friegas con ungüento de mercurio, llevar calzoncillos bañados en mercurio o lavativas. En el siglo XVIII, se inventaron varios tipos de medicamentos de uso oral que incluían este metal. A principios del siglo XX, apareció por fin una medicina efectiva llamada arsfenamina, pero tampoco estaba exenta de perjuicios. Por suerte, pronto apareció la penicilina, que trata la sífilis con plena eficacia.

¡Resulta que se puede obtener el Premio Nobel por **infectar a personas con malaria**!

Julius Wagner-Jauregg, un psiquiatra austríaco, recibió en 1927 esta distinción tan importante en el mundo científico por inyectar los plasmodium de la malaria a los enfermos de sífilis.

MALARIA

La fiebre de la malaria mataba las espiroquetas pálidas, y la malaria podía curarse con quinina.

He oído que padecemos el mal de la sangre.

Qué bien que no nos cobran por curarnos.

En el pueblo de Tuskegee (Estados Unidos), un grupo de científicos se propuso realizar un experimento infernal que duró unos 40 años: convirtieron en sus víctimas a unos granjeros negros enfermos de sífilis demasiado pobres para permitirse el tratamiento y que, por ello, aceptaron de buena gana recibir atención médica gratuita. No sabían que el mal que padecían era muy infeccioso, y lo transmitían a otras personas. Los médicos, en lugar de administrarles antibióticos para combatir la enfermedad, les dieron un placebo, es decir, una sustancia inocua, en lugar del medicamento. Esta **práctica cruel** no terminó hasta la década de los setenta. Da miedo pensar que la única motivación de los científicos fue observar adónde puede conducir la sífilis no tratada. Decenas de personas pagaron con su vida la curiosidad insaciable de un grupo de desalmados.

Admito que no fui un santo. Tampoco pude presumir de mi estatura, pero a pesar de tener piernas cortas, tuve bastante éxito con las mujeres. ¡Y cómo me gustaba dibujarlas cuando bailaban en los cabarets! ¡Esos bucles exuberantes, esos volantes ondulados! Puedes apreciarlo en las pinturas y dibujos firmados con mi nombre: **Henri de Toulouse-Lautrec**. Un pánico mortal se apoderó de mí cuando una espiroqueta pálida se instaló en mi cuerpo. Al final tuve que despedirme para siempre de mis amigos del Montmartre parisino.

95

COVID-19

el coronavirus

Hola, me llamo **coronavirus** SARS-CoV-2. Soy muy joven, pero ¡seguramente ya has oído bastantes cosas sobre mí! Causo una infección respiratoria aguda que los científicos llaman COVID-19 (es la abreviatura en inglés de *Corona Virus Disease 2019*). Los humanos conviven con los coronavirus desde hace mucho tiempo; se conocen más de 40 cepas en total, aunque no todas infectan a las personas. Si alguna vez tuviste alguna infección respiratoria, pudo ser por culpa de alguno de mis colegas. El mundo supo de mi existencia por primera vez el último día de 2019, cuando en China estalló una epidemia. Fue el primer país, pero en pocos meses llegué a todos los rincones del mundo.

El nombre de «**coronavirus**» proviene de la capa que me rodea, parecida a una corona.

Síntomas más frecuentes: fiebre, tos seca, fatiga.
Otros síntomas: dolor de cabeza, dolor de garganta, secreción nasal, dolor de las articulaciones, náuseas, vómitos, diarrea, pérdida del gusto y el olfato.
Complicaciones: neumonía, insuficiencia respiratoria.

Soy astuto, y escondido en un cuerpo humano puedo ser asintomático pero al mismo tiempo hacer que el enfermo sea contagioso para los demás. Por eso es tan importante que, durante mi marcha triunfal por el planeta, se limiten los contactos entre las personas. ¡Es mejor quedarse en casa!

¡Penetro fácilmente en el organismo humano! Toser y estornudar, hablar, darse la mano, tocar objetos de uso común: los botones del ascensor, los pasamanos del transporte público, los picaportes, los carritos de supermercados, las monedas y los billetes. ¡Me encanta que hagáis todo eso! No me importa quién seas: presidente de Brasil, príncipe inglés o actor estadounidense.

Como todo lo que es incomprensible y aterrador, me convertí muy rápido en una fuente de bulos. Por ejemplo, algunos creen sin ninguna base que me crearon artificialmente en un laboratorio. Sin embargo, los científicos ya han determinado que seguramente he aparecido como resultado de la mutación del coronavirus que ataca a murciélagos o a pangolines. Gracias a esta mutación, aprendí a saltar desde el animal al humano (una zoonosis, ¿recuerdas?) y luego de humano a humano.

Buenos días, me llamo **Ellis Marsalis.** Dicen que fui un gran músico, pero a mi lo que me gustaba era enseñar. Ya no recuerdo por qué cambié mi saxofón por un piano. Quizá me cautivó el sonido de este noble instrumento. Tal vez si me hubiera quedado con el saxofón habría tenido pulmones más fuertes y no habría muerto por las complicaciones provocadas por el coronavirus. Quién sabe, tan solo son especulaciones. Echaré de menos a mis numerosos alumnos de mi ciudad natal de Nueva Orleans, la cuna del jazz. Toqué con los mejores jazzistas de mi época, pero me alegra más haber educado a algunas de las mejores promesas del jazz.

Tarde o temprano, el hombre vencerá a este virus. Los científicos ya lo investigan y los médicos aprenderán a tratarlo. Está históricamente demostrado que lo más importante es el enfoque científico **¡y el cumplimiento de las normas de higiene!**

APÉNDICE

Los centauros son personajes de la mitología griega mitad humanos, mitad caballos. Vivían en las montañas y los bosques, comían carne cruda y sus costumbres eran excepcionalmente salvajes.

El centauro Quirón fue considerado un sabio del mundo antiguo, muchos jóvenes se formaron bajo su tutela. Fue maestro de algunos de los famosos héroes de la mitología como: **Jasón**, **Aquiles** y **Asclepio**. Este último era hijo del dios Apolo y una mortal llamada Coronis, que murió durante el parto. Cuando Asclepio creció, Apolo lo puso bajo la tutela de Quirón. Aunque el centauro era muy inteligente y famoso por sus conocimientos de medicina, como a veces pasa, el discípulo superó al maestro. Asclepio se hizo tan experto en el arte de la curación que incluso pudo resucitar a los muertos gracias al regalo que le hizo la diosa Atenea: la sangre que fluía por las venas de la monstruosa **Gorgona**.

La resurrección masiva de los muertos asustó al dios del ultramundo, Hades. Si Asclepio hubiera resucitado a todos los muertos, Hades habría perdido a todos sus súbditos. Así que se quejó al todopoderoso Zeus de que Asclepio estaba desequilibrando el orden del mundo con sus prácticas. Zeus escuchó las quejas de Hades y castigó al joven héroe golpeándolo con un rayo. Como sucede en los mitos, llenos de acontecimientos y personajes enigmáticos, Asclepio murió y se convirtió en una constelación de estrellas. No me preguntes los detalles. Desde entonces, brilla como la constelación de Ofiuco. Afortunadamente para el mundo, antes de su muerte tuvo **hijos** que siguieron sus pasos.

Los hijos de Asclepio continuaron su práctica médica. **Homero** los mencionó tanto a ellos como a su padre en la *Ilíada*. Sus hijas **Higía**, **Panacea** y **Yaso** eran curanderas. ¿Te suenan sus nombres? De ellos provienen las palabras «higiene» y «panacea». Los griegos construyeron templos en honor de Asclepio: **los asclepeiones**, que eran lugares de culto, pero también servían como sanatorios y hospitales. Los sacerdotes hacían diagnósticos y decidían terapias basándose en sus sueños. Las personas curadas sacrificaban un gallo en agradecimiento al dios. ¿Por qué? Tal vez a Asclepio le encantaba el caldo.

El báculo de Asclepio es el símbolo de la medicina. Se le llama también la vara de Esculapio, que era el dios romano equivalente de Asclepio. Lo rodea una serpiente que simboliza la recuperación y el renacimiento, porque es un animal que cambia de piel de vez en cuando. El veneno de una serpiente puede ser una medicina, y gracias a esta doble naturaleza puede curar o matar, según su uso.

Las gorgonas eran tres hijas de deidades marinas. Vivían cerca del reino de los muertos. En lugar de pelo, en sus cabezas crecían serpientes, sus manos eran de bronce, las alas de oro y de sus bocas asomaban grandes colmillos como los del jabalí. Su sangre tenía propiedades mágicas: la que corría por la vena izquierda era un veneno mortal, mientras que la sangre de la vena derecha tenía el poder de resucitar a los muertos.

Podéis visitar las ruinas de unos asclepeiones en Pérgamo, Corinto. Epidauro o en la isla de Cos. donde probablemente la medicina. Hipócrates, el padre de la medicina. dirigió su escuela

Pandemias
Primera edición: septiembre de 2020
Título original: *Chore Historie*

© Kocur Bury Sp. z o. o.
Texto, ilustración, diseño: Gosia Kulik, Tomek Żarnecki
Todos los derechos reservados. Este libro en modo alguno
puede reproducirse, sea total o parcialmente, sin el permiso
por escrito de Kocur Bury Sp. z o. o.
www.kocurbury.pl

© de esta edición 2020 Thule Ediciones, SL
Alcalá de Guadaíra 26, bajos. 08020 Barcelona

Director de colección: José Díaz
Adaptación gráfica: Jennifer Carná
Traducción: Karolina Jaszecka

EAN: 978-84-16817-77-1
D. L.: B 12731-2020

Impreso por BZGraf S.A., Polonia
www.thuleediciones.com

jeringa

piseta de plástico

desecador

vidrio de reloj

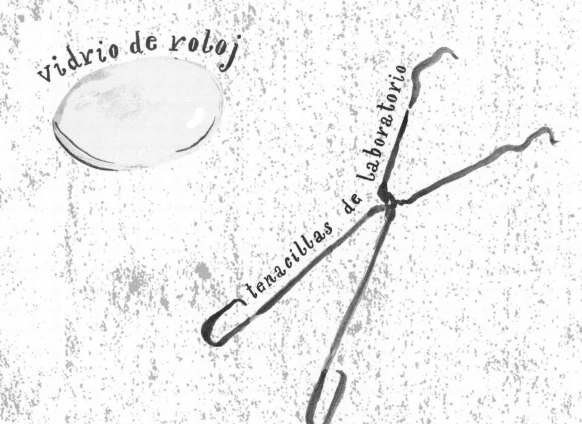

tenacillas de laboratorio

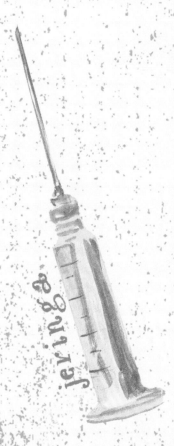

jeringa